济 南 镜 鉴

济南市考古研究院　编著

文物出版社

图书在版编目（CIP）数据

济南镜鉴 / 济南市考古研究院编著. -- 北京：文物出
版社, 2021.12

ISBN 978-7-5010-7261-3

Ⅰ.①济… Ⅱ.①济… Ⅲ.①古镜—铜器（考古）—研
究—济南 Ⅳ.①K875.24

中国版本图书馆CIP数据核字（2021）第216123号

济 南 镜 鉴

编　　著：济南市考古研究院

装帧设计：秦　彧
责任编辑：秦　彧
器物摄影：宋　朝
责任印制：陈　杰

出版发行：文物出版社
社　　址：北京市东城区东直门内北小街2号楼
邮　　编：100007
网　　址：http://www.wenwu.com
经　　销：新华书店
印　　刷：北京荣宝艺品印刷有限公司
开　　本：889mm×1194mm　1/16
印　　张：8.5
版　　次：2021年12月第1版
印　　次：2021年12月第1次印刷
书　　号：ISBN 978-7-5010-7261-3
定　　价：198.00元

《济南镜鉴》编委会

目　录

图　版

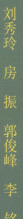

济南市考古研究院藏铜镜初探

刘秀玲　房　振　郭俊峰　李　铭

济南市地处山东省中西部，南依泰山、北跨黄河，背山面水，分别与西南部的聊城、北部的德州和滨州、东部的淄博、南部的泰安交界。济南市地势南高北低，呈现由南向北依次为低山丘陵、山前冲积—洪积倾斜平原和黄河冲积平原的地貌形态。河流主要有黄河、小清河两大水系，还有环绕老城区的护城河，以及南北大沙河、玉符河、绣江河、巨野河等河流。

济南市历史悠久，地下文物非常丰富。自1997年济南市考古研究院（原济南市考古研究所）成立以来，截至2020年12月，在济南城区及周边区县进行了大量的考古发掘工作，先后发掘了1500余座战国汉代至明清时期墓葬，出土150余面铜镜（另有2面铁镜），为古代铜镜的研究提供了重要的实物资料。

图 1　魏家庄遗址发掘现场

一　墓葬发掘及铜镜出土概况

1. 战国时期

从现有发掘的资料看，济南市战国时期墓葬主要分布在历城区、章丘区。经正式发掘的主要有梁二村战国墓、东梁王一村遗址、孙家东墓地等。墓葬形制以土坑竖穴墓为主，另有少量砖椁墓、瓮棺墓。出土铜镜仅见3面，其中2面分别位于两座砖椁墓内墓主头骨右侧和头骨顶部右侧，1面被扰乱原始位置不明。

2. 西汉至新莽时期

这一时期墓葬数量最多、分布最广，既有集中分布的大型墓地、也有广泛分布的零散墓葬，其中以章丘区发掘数量最多，市中区、历城区、平阴县等地也有发现。经正式发掘的主要有女郎山墓地、魏家庄遗址（图1）、于家埠墓地、巡检村东墓地、孙家东墓地（图2）等。墓葬形制以土坑竖穴墓为主，其次为砖椁墓，有零星石椁墓和单砖室墓。随葬铜镜大为流行，出土数量最多，达90余面。一般每墓出土1面，个别出土2面。绝大多数铜镜位于棺内头骨附近，其中头骨右侧、左侧较多，顶部较少（出土2面者，或分置头骨两侧、或均置于头骨右侧）；少数位于人骨右肩部、腰部、脚部，或棺外头端、脚端。

3. 东汉时期

这一时期墓葬数量较多、分布较广，但是大多分布较零散，墓地式集中分布的数量较少，其中章

图 2　孙家东墓地二区西汉墓 M22（由东向西）

图 3　于家埠墓地东汉墓 M13（由北向南）

图 4　刘家庄遗址唐墓 M53（由南向北）

图 5　崮云湖墓地北宋墓 M2 南室（由北向南）

图 6　长清女子学院元墓 M1 墓壁

丘区发掘数量最多，历下区、历城区、济阳区等地也有发现。经正式发掘的主要有女郎山墓地、奥体中路墓地、于家埠墓地（图 3）等。墓葬形制以砖室墓为主，另有少量砖石混筑画像石墓、零星土坑墓、砖椁墓。由于墓葬大多被破坏扰乱，仅出土铜镜近 10 面。多数散见于墓室内，其中未被扰乱的 1 面位于头骨右侧。

4. 唐代时期

唐代墓葬发现数量较少，且分布较为零散。天桥区、市中区、历下区、济阳区、商河县等地均有发现，其中出土铜镜的有魏家庄遗址、刘家庄遗址（图 4）、西甄村墓地。墓葬形制以土洞墓为主，其次为土坑墓、圆形砖室墓。仅出土铜镜 4 面，其中 1 面位于头骨顶部，1 面位于人骨右肩外侧，1 面位于墓室中部，另 1 面被扰乱。

5. 北宋时期

北宋墓葬数量较多，分布较广，既有集中分布的大型墓地，也有广泛分布的零散墓葬，其中以章丘区发掘数量最多，历下区、长清区、历城区等地也有发现。经正式发掘的主要有十亩园遗址、女郎山墓地、崮云湖墓地（图 5）等。墓葬形制以土洞墓为主，其次为土坑墓、圆形砖室墓，另有少量舟形砖室墓、圆或近方形石室墓。出土铜镜近 20 面，未被扰乱者多见于头骨附近，其中以头骨顶部居多，两侧较少，少量位于人骨脚部或墓室中部。

6. 金代时期

金代墓葬发现数量较少，且分布较为零散。除章丘女郎山墓地发掘 8 座外，其余均为散布各地的零星墓葬。墓葬形制以土洞墓为主，其次为土坑墓、圆形砖室墓。铜镜仅见 1 面，因被扰乱原始位置不详。

7. 元代时期

元代墓葬数量较少，且大多分布较为零散。章丘区发掘数量最多，市中区、历城区、长清区等地也有发现。经正式发掘的主要有章丘女郎山墓地、长清女子学院墓地（图 6）等。墓葬形制以圆形砖室墓为主，其次为土洞墓、土坑墓，少量圆或近方形石室墓。仅出土 4 面铜镜，其中 2 面位于棺内两股骨之间，2 面被扰乱。

8. 明代时期

明代墓葬数量较多，但绝大多数集中于章丘女郎山和龙山农贸市场 2 处墓地（图 7、8），市中区、历

图 7　龙山农贸市场墓地发掘现场

图 8　龙山农贸市场墓地明代土洞墓 M5 墓底（由南向北）

城区等地也有零散发现。墓葬形制以土洞墓为主，少量土坑墓、砖或石室墓。出土铜镜 20 余面，其中龙山农贸市场出土的大多数铜镜位于两棺之间近底部的填土中、且钮内多穿有弯曲的铜条，推测可能原悬挂于墓室顶部。

9. 清代时期

清代墓葬数量较多，但绝大多数集中于章丘女郎山墓地，市中区、历城区等地也有零散发现。墓葬形制以土洞墓、土坑墓为主，少量砖或石室墓。出土铜镜很少，目前仅 2 面，1 面位于棺内两股骨之间，1 面位置不明。

二　随葬铜镜功能浅议

综合上述分析可见，济南地区出土铜镜以西汉至新莽时期最为丰富，其次为明代和北宋时期，其余各时期较少。从铜镜出土位置来看，战国至明清时期绝大部分铜镜均位于棺内人骨附近，其中以头部数量最多，腰部和脚部数量很少。龙山农贸市场明代土洞墓出土的铜镜大多数可能原悬挂于墓室顶部。唐宋时期有少量铜镜位于墓室中部，结合其所在墓葬形制多为土洞墓和圆形砖室墓，推测亦可能为墓顶悬镜掉落至墓底。

棺内随葬铜镜当是古人"事死如生"丧葬思想的具体反映，鉴于铜镜在日常生活中主要起到照容作用，其放置于墓主人头部就成了最佳选择。可辨部分铜镜位于漆奁（漆盒）内，部分还与铜刷柄、铜眉笔杆、铁削、板研等器物呈组合形式共出，这些均是古人在死后另一世界的生活必需品。其中一些制作较粗糙的铜镜或是专门用来随葬的明器。

墓顶悬镜功能当与之不同。目前所见最早的悬镜葬俗出现在晚唐时期，此后至辽宋金元时期都比较流行，龙山农贸市场明代铜镜增加了这一时期的悬镜材料。关于墓顶悬镜，学术界有佛教的"业镜说"、道教的"辟鬼说"、民间"祈福说""引魂升天说"等观点。济南地区尚未发现明确为佛教或道教信徒的墓葬，墓主人多为普通平民，随葬品亦为常见的日用器物。因此，推测这些墓葬中悬挂铜镜或为受道教及民间堪舆术影响的丧葬习俗，其功能主要是保护墓主、驱鬼辟邪。

三 铜镜分类研究

济南市考古研究院藏历代铜镜数量较多、种类丰富。根据墓葬形制及随葬器物特征、结合其他地区出土铜镜时代，大致可分为战国、西汉至新莽、东汉、唐代、北宋、金代、元代、明代、清代等九个时期。下面按照目前学术界在铜镜研究中一般采用镜背主题纹饰作为划分类型的主要标准，对各时期铜镜进行初步分类研究。

（一）战国时期

战国时期铜镜数量很少，但是部分制作精美、技艺高超。除1面方形镜外，其余均为圆形。根据镜背纹饰特征分为3类。

1. 禽兽透雕镜

禽兽透雕镜属于透雕纹镜的一种，后者又被称为夹层透纹镜或镂空镜，是战国时期独具特色的一种复合式铜镜。一般先分别铸造镜背和镜面，然后再组合而成。镜背为各种镂空的透雕式图案，镜面为嵌入镜背的扁平铜片，其形制有圆形和方形两种。

济南梁二村战国墓出土的禽兽透雕镜（M1∶L40）虽有残损，但仍不失其精致。整体方形，小环钮，圆钮座，座外饰四叶纹。镜背纵横相交的界栏上饰较为抽象的兽面纹和禽鸟纹，均由卷曲弧线勾连而成；镜缘饰双线叶纹。

2. 四山镜

山字纹镜是战国时期最为流行的铜镜种类之一，出土数量多、分布区域广。突出特征为镜背饰有"山"字纹，根据"山"字纹数量的多少可分为三山镜、四山镜、五山镜、六山镜等不同类型。

济南市东梁王一村遗址出土1面四山镜（一区M9∶12）。圆形，圆钮，方钮座，座外为方形凹面带。其外一周凸弦方格与最外围一周凸弦纹之间饰主纹与地纹。地纹为羽状纹。在地纹之上，方格四角向外伸出四组连贯式花瓣（每组两瓣）将镜背分为四区，每区内有一向左倾斜的山字，山字底边与方格边平行。窄素卷缘。这种平底四山镜与各地发现的战国时期的四山镜结构、纹饰基本相同。

3. 素地八连弧纹镜

连弧纹镜是战国中晚期到西汉早期比较常见的铜镜，以连弧纹圈带为镜背主题纹饰，有素地连弧纹、云雷纹地连弧纹、云雷纹地蟠螭连弧纹等不同种类。连弧的弧线有凸弦式、圈带式两种不同形式，数量上从6条至12条不等。

东梁王一村遗址出土1面素地八连弧纹镜（一区M130∶2）。圆形，圆钮，圆钮座，座外一周较细凸弦纹。再外两周较粗凸弦纹之间为凸弦式八内向连弧纹。窄素卷缘。

（二）西汉至新莽时期

西汉至新莽时期铜镜数量最多、种类最为丰富，部分制作也比较精美。镜体均为圆形，根据纹饰特征大体划分为10类。

1. 素面镜

铜镜发明后素面镜是早期主要的种类，在西汉早期以前较为常见，其后较少。战国早中期及以前多为橄榄形钮、弓形钮和桥形钮；战国晚期至西汉早期流行三弦钮；宋代及以后则多为圆钮。

章丘女郎山墓地出土1面素面镜（M313∶1）为三弦钮，镜背无纹饰，镜面微凸，窄素缘略卷。

2. 蟠螭镜

蟠螭镜是战国晚期到西汉早期较为常见的铜镜，以盘曲缠绕的线条式螭龙纹为主纹，云雷纹或圆涡纹为地。战国时期蟠螭纹较为复杂，西汉早期则有所简化和发展。根据螭龙形体和间隔纹饰不同可分为蟠螭菱形纹镜、蟠螭叶纹镜、圈带叠压蟠螭镜、博局蟠螭镜等不同类型。

济南地区出土西汉蟠螭镜较少。章丘女郎山墓地出土1面蟠螭叶纹镜（M273：1），圆形，三弦钮，钮外一周凹弧面圈带。主纹为三叶纹间隔的蟠螭纹，螭首尾呈弧形卷曲、躯体中部折成菱形。地纹为圆涡纹。宽素卷缘。

3. 蟠虺镜

蟠虺纹是由蟠螭纹简化而来的一种纹饰，最大特点是作为主纹的虺纹首尾不明显、身躯呈两"C"形卷曲（少数呈"S"形），圆涡纹为地。该铜镜主要流行于西汉早、中期。根据主纹附加纹饰的不同可分圈带蟠虺镜、圈带叠压蟠虺镜、圈带蟠虺连弧镜等类型，其中后者可能出现较晚。

济南地区蟠虺镜较为常见，均为圆形，三弦钮。其中巡检村东墓地出土1面（M21：2）主纹为三条呈连续"S"形卷曲的蟠虺纹；女郎山墓地出土的圈带叠压蟠虺镜（M364：2）四组蟠虺纹主体呈两相背而立的"C"字形，其上叠压一周窄凹面圈带、且均匀分布四枚乳丁；魏家庄遗址出土的圈带蟠虺连弧镜（M47：1）四组主纹为一大一小两"C"字形卷曲，外围一周内向十六连弧纹圈带。

4. 草叶镜

草叶镜是西汉时期新出现的铜镜种类，从纹饰变化分析，或是在继承战国、西汉早期带方框的四花叶镜基础上发展而来的。战国四花叶镜一般或在钮外方框四角向外伸出桃形花瓣，或在框外四边中心置一带凹圆形蕊的四花瓣，也有二者相组合的形式。西汉早期四花叶镜省却战国时期的地纹，在框外四角花苞的两侧各添加一花叶，四边中心置一大乳丁（稍复杂的在大乳丁周围饰四花瓣）。草叶镜则是在大乳丁两侧添加草叶纹、外侧置一花苞，是为对称草叶镜；后又发展出将方框四角花苞或四边中心乳丁替换为草叶的单列草叶镜，以及添加T、L、V纹的博局草叶镜。草叶镜的一个显著特点是带铭文的数量很多、且铭文种类丰富，多分布在钮外方框内，主要铭文有"见日之光"类、"日有熹"类、"毋忘"类等。

济南地区出土草叶镜较多，但类型较少。济南市考古研究院藏草叶镜主要出土于魏家庄遗址西汉中期墓中，均为圆形，圆钮，柿蒂纹钮座，内向十六连弧纹缘。根据草叶纹饰和铭文不同可分为日光对称单层草叶镜和日有熹对称连叠草叶镜。前者在四边中心大乳丁两侧各置一单层草叶纹，铭文为"见日之光，天下大明"；后者在大乳丁两侧各置一连叠草叶纹，铭文有"日有熹，宜酒食，长贵富，乐毋事""日有熹，长贵富，□君喜，乐毋事"两种。

5. 星云镜

星云镜是西汉中晚期流行的镜类，镜背纹饰由四枚带座的大乳丁分为四区，每区内分布弧线相连的小乳丁，似为星云图像。一般认为星云纹是由蟠螭纹演变而来，云纹（弧线）为螭体的化身、群星（小乳丁）则系其骨节。因其乳丁较多，亦曾被称为百乳镜。根据小乳丁数目多少可分为四星式、五星式、七星式、八星式、十星式等多种形式。大乳丁亦有并蒂连珠纹座、连珠纹座、圆座等不同形式。

济南地区出土星云镜数量较多，均为圆形，连峰式钮，圆钮座，座上多有短弧线、斜线等几何纹，内向十六连弧纹缘。田家西南遗址出土1面四星式星云镜（M3：1）；平阴西山墓地出土1面五星式星云镜（M21：5）；魏家庄遗址西汉墓葬则有较多的五星式、七星式、八星式星云镜出土，其中以前两者最为常见。

6. 连弧（圈带、凸弦）铭带镜

西汉中晚期至新莽时期，铭文带逐渐取代图案成为铜镜的主要装饰，铭带镜广泛流行。这类铜镜绝大部分为圆钮、个别连峰钮，多为圆钮座、少数并蒂连珠纹钮座。座外多有短弧线等几何形纹饰。

再外有明显的连弧纹圈带（一般为八连弧、少数十二连弧）、或窄凸面圈带、或凸弦纹，其中前两者最多，少数兼具两种纹饰。外区铭文带多夹于两周短斜线和凸弦纹组合纹带之间。从铜镜的主要特征看连弧、圈带、凸弦铭带镜差别不大，故根据铭文不同可分为日光镜、昭明镜、重圈铭带镜、其他铭带镜等四种类型。

（1）日光镜

该类铜镜是汉代出土数量最多、流行最广泛的镜类之一，连弧、圈带、凸弦纹与铭文带的组合均较常见。镜体一般较小，铭文以"见日之光，天下大明""见日月心，勿夫毋忘"为主（这两种铜镜除文字不同外，其余纹饰等基本一致，故统一归入日光镜介绍），亦有少量增字、减字、文字颠倒现象或其他类似语句。字体为圆转式篆隶体，多呈长圆形，笔画圆转，篆体意味较浓，字形简体和连笔较多，有些字首尾笔画加重呈楔形。每字间多隔一涡纹或斜田纹（个别两字间隔涡纹或双层月牙纹）。多为窄素平缘，少数宽缘。

济南地区出土日光镜在汉代铜镜中数量最多，其中以日光连弧铭带镜最多，其次为日光圈带铭带镜，另有少量日光圈带连弧铭带镜、日光凸弦纹铭带镜。铭文中"见日之光，天下大明""见日月心，勿夫毋忘"两种数量最多、且基本相当，个别为"久不相见，长毋相忘""见日之光，长□□忘"。

（2）昭明镜

西汉时期最常见的镜类之一，连弧、圈带与铭文带的组合较常见。镜体一般较日光镜要大，部分制作比较精致，铭文完整者为"内清质以昭明，光辉象夫日月，心忽穆而愿忠，然雍塞而不泄"。字体为圆转或方正式篆隶体，部分首尾笔画加重呈楔形。多有增字、省字现象，相当数量铜镜每字或多字间隔一"而"字。宽素平缘。

该类铜镜也是济南地区常见的铭文镜，其中以昭明圈带连弧铭带镜最多，另有少量昭明连弧铭带镜。铭文字体中圆转式篆隶体较方正式为多。

（3）重圈铭带镜

与日光镜和昭明镜的形制相近，只是镜背装饰双圈铭文带，且仅见圈带与铭文带的组合。镜体一般较大，做工精致。多为并蒂连珠纹钮座。铭文多为圆转式篆隶体，部分铜镜字体首尾笔画加重呈楔形。宽或窄素平缘。

济南地区出土重圈铭带镜较少，魏家庄遗址出土 1 面昭明皎光重圈铭带镜（M97：5），内重铭文为"内清质以昭明，光辉象夫日月，心忽扬而愿忠，然雍塞而不泄"，外重铭文为"妙皎光而曜美兮，挟佳都而承间，怀骥察而性宁兮，爱存神而不迁，得并执而不弃兮，精照晰而侍君"。窄素平缘。

（4）其他铭带镜

与日光镜和昭明镜形制相近，只是铭文有所不同，且出土数量相对较少，可见连弧、圈带与铭文带的组合。镜体一般较大，做工精致。多为并蒂连珠纹钮座。常见的有"铜华""清白"铭带镜，铭文多为方正式篆隶体。多见宽或窄素平缘，部分云气纹或连弧纹缘。

济南魏家庄遗址出土 1 面日有熹圈带连弧铭带镜（M120：6），圆钮座。座外一周窄凸面圈带、一周内向十六连弧纹圈带。外区两周短斜线和凸弦纹组合纹带之间为铭文带"日日有熹，月有富，乐毋有事，宜酒食，□□□□□而一"。宽素平缘。

7. "家常贵富"四乳铭文镜

西汉晚期较为常见，一般为圆钮、圆钮座或并蒂连珠纹钮座。座外一周窄凸面圈带（部分连弧纹、个别为凸弦纹）。其外两周短斜线和凸弦纹组合纹带之间为主纹，四枚带圆座或连珠纹座的乳丁分为四区，每区各一篆书铭文，连读为"家常贵富"，字体笔画有圆转式或方折式两种。个别还饰有鸟纹等其他纹饰。素平缘、卷缘或连弧纹缘。

济南地区此类镜较少。孙家东墓地出土1面（M35：3），圆钮座，座外一周窄凸面圈带。主纹由四枚圆座乳丁分为四区，每区内各有一字，顺时针合读为"家常贵富"，笔画圆转。窄素卷缘。

8. 神人瑞兽镜

出土较少。魏家庄遗址出土1面（M50：9）。圆形，圆钮，并蒂连珠纹钮座。其外一周窄凸面圈带。外区两周短斜线和凸弦纹组合纹带之间为主纹，饰有线条式神人、瑞兽等图案，较为抽象。宽素平缘。时代大致为西汉中晚期。

9. 四乳禽兽镜

四乳禽兽镜泛指由四枚圆座乳丁分成的主纹区内装饰各类禽或兽纹的铜镜，多流行于西汉晚期，纹饰呈线条式。一般为圆钮，圆钮座（个别柿蒂纹钮座），座外多饰短弧线等几何纹。其外一周窄凸面圈带（或凸弦纹）。再外两周短斜线和凸弦纹组合纹带之间为主纹，四枚圆座（个别柿蒂纹座）乳丁分为四区，每区内饰禽或兽纹。多宽素平缘。济南市考古研究院藏这类铜镜根据主纹不同可细分为四乳四虺、四乳八鸟、四乳禽兽（狭义）等3类。

（1）四乳四虺镜

四乳四虺镜最早出现于西汉中期，最晚可沿用至东汉中期。从其纹饰来看，似是由蟠虺镜演变而来的，尤其是"S"形虺纹与之尤为接近。每区内各一双钩形身躯的虺纹、其内外两侧各一鸟纹（少数内侧无）、前后饰或象征云气的短弧线。所附鸟纹由形制清晰逐渐简化，直至简为短弧线。个别较复杂得还附有四神头颈部图案。

济南地区此类铜镜较多，时代为西汉晚期至新莽时期。魏家庄遗址出土1面（M27：3）较为精美，柿蒂纹钮座，虺外侧一端分别伸出青龙、白虎、朱雀、玄武的头及颈部、内侧为一立鸟或飞鸟，左上方一简化鸟纹。该遗址及孙家东墓地、于家埠墓地等地汉墓中还出土有较多的歧冠鸟纹、简化鸟纹四乳四虺镜。

（2）四乳八鸟镜

每区内饰两相对而立的雀类鸟纹，八鸟造型相同，勾画较为形象，表现出鸟的轮廓、歧冠、羽翼、翘尾。西汉晚期至东汉早期较为流行。

济南地区数量较少，魏家庄遗址和孙家东墓地西汉晚期墓分别出土1面，形制基本一致。

（3）四乳禽兽镜（狭义）

此类狭义的四乳禽兽镜是指镜背纹饰每区内分别饰有不同种类禽、兽纹的铜镜，纹饰均呈线条式勾勒。一般流行于西汉晚期至东汉前期。

济南地区这种铜镜数量较少，魏家庄遗址有两座西汉晚期墓出土。其中M144：5为圆钮，柿蒂纹钮座，座外叶间篆书"长宜子孙"四字，四区内分别饰有翼龙、朱雀、翼虎和长尾蟾蜍（或谓之猿），禽兽前后均布卷草纹和云气。M128：8残存约1/4，一区内饰虎纹，其内侧铭文带可辨"心忽"二字。

10. 博局镜

博局镜又称规矩纹镜，在新莽和东汉初年最为盛行，其主要特征为镜背饰有T、L、V形博局纹，学术界一般认为该纹饰与当时的天文宇宙观念有关。一般在圆钮座外设方框；内区分置"T、L、V"形符号，且有四或八乳丁，其间饰有神兽、禽鸟、仙人等纹饰；外区多饰三角纹、云气纹，部分带有铭文。东汉中期以后纹饰多简化。

济南地区博局镜比较少见，且纹饰多较简单。于家埠墓地新莽时期墓葬出土 1 面八禽博局镜（M6：3），博局纹将主纹区分隔为四方八区，每区配以一带圆座的乳丁和一禽鸟；每一方两区内的禽鸟隔"L"纹相背而立，隔"V"纹两两相对。

（三）东汉时期

济南地区东汉时期铜镜数量和种类都较少，均为圆形，根据纹饰特征大体划分为 5 类。

1.四乳神人神兽镜

每区内各浮雕一形态各异的神人、神兽或神鸟纹。这种铜镜与以往一个显著的区别是主纹为浮雕式，其出现时代较晚，或是东汉晚期至魏晋各种神兽镜、画像镜的肇始之作；主纹外侧多有数周凸弦纹、短线纹、锯齿纹等几何纹饰，部分有铭文带。多为窄素三角缘。一般流行于东汉中、晚期。

该类济南地区出土较少。奥体中路东汉墓出土 1 面四乳神兽镜（M3：8），每区内浮雕一神兽或神鸟纹，锈蚀较重，不甚清晰。女郎山东汉墓出土 1 面四乳神人龙虎铭带镜（M284：3），每区分饰浮雕式龙、虎、神人等图案，其外两周凸弦纹之间为铭文带，可辨"……氏作镜真大……老，渴饮玉泉……"

2.四乳卷草镜

目前所见这种铜镜数量很少。济南大观园省二轻厅工业品纺织公司东汉墓出土 1 面。圆形，圆钮，圆钮座。座外四方座小乳丁分为四区，每区饰一卷草纹，两草叶外卷，上下各一弧线。其外为凸弦纹和短直线组合纹饰带，再外一周锯齿纹。窄素三角缘。时代约为东汉晚期。

3.几何纹简化博局镜

数量很少。东梁王一村遗址出土 1 面（二区 M4：1），钮座外方框四角各一圆座乳丁，四边中心各接一"T"形纹；"T"形纹两侧饰勾卷纹、内附三短直线的外弧月牙纹及短线纹（每组三条），外侧饰内弧月牙纹，整体似为较抽象的禽鸟纹。

4.三虎镜

数量较少。圆形，圆钮，圆钮座。座外环绕浮雕式三虎，两虎相对，一虎尾随。其外多饰凸弦纹和短斜线组合纹带。三角缘或素卷缘。流行于东汉晚期。于家埠墓地和巡检村东墓地分别出土 1 面，主纹基本一致。

5.飞鸟镜

数量较少。女郎山墓地东汉晚期墓出土 1 面（M255：1）。圆形，圆钮，圆钮座。钮及钮座下叠压一飞鸟，展翅回首状。其外为一周短线和凸弦纹组合纹带，再外为一周锯齿纹和凸弦纹组合纹带。窄素三角缘。

（四）唐代时期

济南地区目前发现唐代铜镜数量很少，济南市考古研究院藏唐镜仅 4 面，均为圆形，根据镜背纹饰不同分 2 类。

1.葡萄缠枝花镜

唐代广泛流行的铜镜。圆形，圆钮，八瓣花钮座。镜背边缘凸起，一周凸棱将镜背分为内外两区。内区饰同方向环绕镜钮的五串葡萄纹，外区一周连续的缠枝花。点线纹缘。

魏家庄遗址和刘家庄遗址分别出土 1、2 面该类镜，形制基本一致。

2.散点式宝相花镜

唐代较为流行的铜镜之一。有六出葵花形、八瓣菱花形、圆形等不同形制，圆钮，花瓣形钮座或无钮座，主纹区分置五、六、八等不同数量的宝相花。不同铜镜宝相花的造型亦有所区别。

商河西甄村墓地出土1面散点式宝相花镜（M1：8）。圆形，圆钮，花瓣形钮座，座外一周窄凸面圈带。其外纹饰为两种不同类型的花卉各三朵，相间环绕。一种为六瓣莲花，圆圈中间一黑点及外围六黑点表示花蕊；另一种为旋转式六叶片组成花瓣内心，外排列三叶片及三弧形瓣，似一朵绽放的大花。窄素平缘。

（五）北宋时期

北宋铜镜数量较多，种类较为丰富。其显著时代特征为铜镜整体形制多样，除常见的圆形镜外，还发展出亚字形、六出葵花形、方形等多种类型，其中以亚字形数量最多。根据镜背纹饰特征分6类。

1. 素面镜

北宋时期素面镜较为常见，与早期素面镜相比，镜体略显厚重，圆钮，宽或窄素平缘。

崮云湖墓地和十亩园遗址分别出土1面此类镜。

2. 连珠凸弦纹镜

数量很少。十亩园遗址出土1面（M3：2）。圆形，仅在圆钮外饰一周连珠纹、靠近镜缘处一周凸弦纹。宽素平缘。

3. 凸弦纹镜

数量很少。女郎山墓地出土1面（M18：1）。圆形，圆钮，圆钮座。座外镜背中部饰一周凸弦纹。窄素卷缘。

4. 花鸟镜

北宋时期广泛流行的铜镜之一，形制多样，有圆形、圆形带柄、亚字形、方形、八瓣菱花形镜等不同类型。主要特征为镜背主体纹饰为鸟纹、间饰花叶纹，其中以双凤、双孔雀最为常见，另有四凤、四凫、鸳鸯等纹饰。

女郎山墓地出土1面双凤镜（M70：1）。亚字形，圆钮，花瓣形钮座。主纹为两凤鸟首尾相对，间饰一折枝花卉。凤鸟形态相同，头有冠，尖喙，细颈，展翅，尾羽飘逸轻巧。再外为一周圆形连珠纹圈带。宽素平缘。十亩园遗址出土1面双孔雀镜（M32：1）。亚字形，圆钮。钮外两孔雀作首尾对置式，孔雀双翼平展微微下合，开屏。其外一圈连珠纹，再外一周缠枝花叶纹。宽素平缘。

5. 缠枝花镜

北宋时期广泛流行的铜镜之一，有圆形、亚字形、方形、八瓣菱花形、八出葵花镜等。主要特征为镜背主体纹饰为数朵同样造型的缠枝花围绕镜钮均匀分布，以四朵最为常见，八朵少见；花卉种类以菊花为主，其他类型少见。

济南地区此类镜出土较多，均为亚字形。女郎山墓地出土3面缠枝四花镜。十亩园遗址出土1面缠枝花镜（M5：3）较为少见，镜背饰内外两重缠枝花，内区为四朵菊花缠枝相连，两两对称，相邻两花花蕊方向相反；外区一周均匀分布八朵花头朝外的缠枝菊花，以镜边中心为界，两两一组，每组之间间饰小花。

6. 私营作坊铭文镜

该类铜镜也是北宋时期主流铜镜类型之一，整体造型有圆形、亚字形、方形等多种形制。其最大特征为镜背无纹饰，仅在镜钮一侧或两侧铸有作坊铭文，宣传广告意味浓厚。

崮云湖墓地出土3面作坊铭文镜。其中1面方形（M2：5），钮右侧单线长方框内有铭文两行，"湖州真石家念二叔照子"，窄素平缘。1面六出葵花形（M2：14），钮右侧单线长方框内有铭文两行，可辨"……子"，窄素平缘。1面亚字形（M1：16），钮外右侧双线长方框内有铭文两行，"湖州仪凤桥真正石家青铜镜"，宽素平缘。

（六）金代时期

济南地区金代铜镜发现很少。大桥镇路家庄金代墓出土1面仙人龟鹤齐寿镜，制作规整。圆形，圆钮。钮左山岩上一棵枝繁叶茂的松树覆盖着镜子上部，松树下左侧山门虚掩，山门中走出一侍者，似一手捧托灵龟、一手持灵芝。钮右侧山石上端坐一仙人；其右立一童女，手向右指，似向仙长诉说。石下仙鹤扇起一翅，回首叼啄羽毛。最下为翻滚的波涛。窄素平缘。

（七）元代时期

济南地区目前发现元代铜镜数量较少，济南市考古研究院藏元镜仅3面，根据镜背纹饰不同分2类。

1. 瑞兽葡萄镜

均为圆形，伏兽钮。钮外一周凸棱将镜背分为两区，内区饰瑞兽与花卉纹（或葡萄纹），外区饰禽鸟与葡萄纹，花瓣纹卷缘。瑞兽葡萄镜是唐代盛行的镜类之一，济南市考古研究院藏的2面均出土于元代墓葬中，且制作较好，当为仿唐镜的精品之作，也有可能是流传使用的唐镜。

女郎山墓地出土1面（M99：1），内区环列四瑞兽，间饰缠枝花卉；外区饰禽鸟与葡萄纹。长清女子学院墓地出土1面（M1：6），内区葡萄枝叶缠绕，五瑞兽游戏其间；外区葡萄串交错排列，不同形态的禽鸟环列其中。

2. 菊花镜

仅女郎山墓地出土1面（M109：2）。八出葵花形，钮残，圆钮座。以钮座为中心，回旋放射出的弯曲线条组成一朵菊花。花瓣外饰一周连珠纹。宽素平缘。

（八）明代时期

明代铜镜数量较多，种类亦较丰富，均为圆形，根据镜背纹饰不同分9类。

1. 私营作坊铭文镜

该类镜是明代较为流行的铜镜类型之一，是在继承北宋同类镜的基础上发展而来的。根据铭文所示，湖州地区的私营铸镜作坊最为发达，自北宋一直延续至明清时期，表明这一地区的商品经济和手工业发展程度较高。与前期有所不同的是明代铜镜造型以圆形为主，清代以方形为主，宋代流行的亚字形、葵花形、菱花形等种类铜镜十分少见，或许表明不同时期人们审美观念的变化以及对实用性更加注重。

济南地区出土的此类镜均为湖州孙家镜，形制基本一致。圆形，银锭钮。钮左右两侧各有一长方形框，框上饰云纹，下饰花卉，框内分别有铭文，左为：青鸾宝鉴，右为：湖州孙家。铭文外侧饰一周凸弦纹圈带。窄素卷缘。

2. 吉祥铭文镜

明代时期较为常见，形制简单，镜背主要装饰吉语类铭文，其他纹饰很少。济南地区出土较少，根据铭文不同分为2类。

（1）为善最乐镜

女郎山墓地出土2面，造型雷同。均为圆形、银锭钮。钮左右各有铭文，右侧：为善；左侧：最乐。铭文外侧饰一周凸弦纹。窄素卷缘。

（2）五子登科镜

太古飞机厂工程公司墓地出土2面。均圆形，圆钮。钮外有对称的四个凸起的方框，框内各有一字，合读为"五子登科"。其中 1 面靠近镜缘处饰一周凸弦纹，窄素卷缘；另 1 面镜缘与背部齐平，无明显凸起。

3. 花卉镜

数量很少，女郎山墓地出土 1 面（M213:1）。圆形，圆钮。钮外两周凸弦纹之间分饰两朵多瓣花卉，其间分布菱角、莲蓬等纹饰，大致对称分布。宽素平缘。

4. 人物多宝镜

明代较为流行的镜类之一。多为圆形，银锭钮，纹饰自上而下呈多层分布，最上层多为仙鹤楼阁、中部钮两侧为进宝人物，人物内或外侧及下部分布各种杂宝。窄素卷缘。

济南地区出土较少，龙山农贸市场墓地出土 2 面。其中 M3:5 纹饰最上方一展翅曲颈仙鹤，两侧饰双椒各一对；第二层中为方胜，两侧各有宝珠三粒；第三层即钮两侧各一银锭；第四层为二书卷；最下方正中一座聚宝盆，上盛鲜果什物，两侧置方胜与宝钱；二、三、四层外侧各一人，均面向中心，手持宝物。M14:3 布局结构与之类似，但是杂宝种类有所不同。

5. 仙鹤人物镜

出土较少，似由人物多宝镜简化而来。龙山农贸市场墓地出土 1 面（M6:10）。圆形，桃形钮。钮上侧为一展翅曲颈仙鹤；左侧一人手持宝物向右行走；右侧一人正面站立，两手似各持一物；下侧一人向右甩袖行进。窄素卷缘。

6. 鸳鸯镜

数量较少。龙山农贸市场墓地出土 1 面（M9:1）。圆形，圆钮。钮上下两侧各饰一对鸳鸯，周围环绕有荷叶、莲蓬、荷花等，外围一周十二连弧纹。十二瓣菱花形缘。

7. 双鱼镜

明代较为流行，应是从宋代双鱼镜发展而来。均为圆形，圆钮或银锭钮，钮两侧各饰一鲤鱼、首尾相对配置、甩尾展鳍。其外一周凸弦纹。窄素卷缘。龙山农贸市场墓地出土 1 面（M19:1）为银锭钮。

8. 仿古镜

目前研究仿古铜镜最早出现于唐代，宋代开始流行，可能与当时的铜禁政策、崇古观念、古镜辟邪观点相关。此后历经金元，一直到明代，仿古铜镜都比较流行。

济南地区出土仿古铜镜较多，其中仿汉代铜镜最为常见，其次为仿唐代铜镜。大多制作比较粗糙，纹饰虽相近而显呆滞；部分镜体为明代特征，如银锭钮、窄卷缘等。根据纹饰特征可分为 4 类。

（1）明仿汉日光镜

女郎山墓地出土 1 面（M285:6）。圆形，圆钮。钮外一周窄凸面圈带。其外两周凸弦纹之间为顺时针铭文带"见日之光，天下大明"，字体为圆转式篆隶体，每字间隔一类似涡纹或菱形纹。窄素卷缘。

（2）明仿汉四乳四虺镜

女郎山墓地出土 1 面（M52:8）。圆形，圆钮，圆钮座。座外一周凸弦纹。其外两周短斜线和凸弦纹组合纹带之间为主纹，四枚带圆座的乳丁分为四区，每区内各有一虺纹，双钩形身躯的内、外两侧各有一简单立鸟纹。窄素卷缘。

（3）明仿汉博局纹镜

女郎山墓地出土 1 面（M228:1）。圆形，银锭钮，柿蒂纹钮座。座外双线方格，其与一周凸弦纹之间为主纹，其中方格四角外各一圆座乳丁，其外各对应一"V"形纹；四边中心各接一"T"形纹，其外各对应一"L"形纹；圆座乳丁纹分成的四区内纹饰不甚清晰。外圈一周凸弦纹。窄素卷缘。

龙山农贸市场墓地出土 1 面（M10：10）。圆形，银锭钮，柿蒂纹钮座。座外双凸线方格。方格四角外各一圆座乳丁，其外各对应一"V"形纹；四边中心各接一"T"形纹，其外各对应一"L"形纹；圆座乳丁纹分成的四区内环列鸟纹与兽纹、不甚清晰。再外一周短斜线和凸弦纹组合纹带。外圈一周凸弦纹。窄素卷缘。

（4）明仿唐瑞兽葡萄镜

龙山农贸市场墓地出土 1 面（M5：8）。圆形，伏兽钮。钮外一周凸弦纹将镜背分为两区。内区均匀环列四瑞兽，间饰叶片纹和卷云纹；外区饰禽鸟与葡萄纹。花瓣纹缘。

9. 凸弦纹镜

数量较少。龙山农贸市场墓地出土 1 面（M12：3）。圆形，圆钮。钮外一周凸弦纹，窄素卷缘。

（九）清代时期

济南地区出土清代铜镜数量很少，多为凸弦纹镜和素面镜。

女郎山墓地出土 1 面凸弦纹镜（M195：1）。圆形，圆钮。钮外一周凸弦纹，窄素卷缘。天桥区丁庄村清代墓出土 1 面素面镜，圆形，圆钮，窄素卷缘。

四　小结

根据上述铜镜分类研究，结合墓葬时代，初步总结济南市考古研究院藏各时期铜镜在形制、纹饰、铭文等方面的基本特征。

战国时期数量很少，有禽兽透雕镜、四山镜、素地八连弧纹镜三种，未见铭文镜。

西汉时期数量最多，种类最为丰富，约占总数的 3/5，演变规律最为明显。西汉早期数量较少，种类有素面镜、蟠螭镜、蟠虺镜三种。镜钮为三弦钮，镜缘多为窄素缘或宽素卷缘。镜背纹饰一方面继承了战国镜由主纹和地纹组成的特点；另一方面又有所发展，如螭纹逐渐简化、演变出虺纹。未见铭文镜。西汉中期数量增多。继续流行蟠虺镜，新出现草叶镜、星云镜、日光镜、昭明镜、四乳四虺镜，其中后三者数量较少。镜钮多为圆钮、连峰钮；钮座有柿蒂纹和圆形两种；镜缘中素面卷缘减少，十六连弧纹缘盛行，开始出现宽素面平缘。纹饰方面地纹逐渐消失，主题纹饰开始简化；新出现以四乳丁将镜背分为四区，主题纹饰环绕镜钮分区布局的形式；内向连弧纹开始进入内区。铭文镜出现，以草叶镜上"日光""日有熹"铭为主；连弧（圈带）铭带镜上的"日光""昭明"铭较少。西汉晚期至新莽时期，数量、种类最多。草叶、星云镜继续存在，但已趋于减少，连弧（圈带）铭带镜大为盛行，各种四乳禽兽镜亦较流行，新出现数量很少的博局镜。镜钮以圆钮为主、连峰钮减少；钮座亦以圆形最多，柿蒂纹、并蒂连珠纹很少；镜缘中十六连弧纹缘减少，宽、窄素面平缘盛行，新出现锯齿纹缘。纹饰方面，地纹完全消失，以四乳丁分四区布局的禽兽纹盛行，草叶、星云、博局纹很少；铭文成为大量铜镜装饰的主体，且多配以连弧、圈带纹。铭文种类、数量较多，以"日月心""日光"类最多，"昭明"次之，另有很少的"家常贵富""皎光""日有熹"铭。

东汉时期数量较少、种类较多。有四乳神人神兽、四乳卷草、几何纹简化博局、三虎镜、飞鸟镜等。圆钮、圆钮座，锯齿纹缘少、窄素三角缘较多。纹饰布局上多延续此前的四乳丁分四区方式，但主纹的制作方法由之前的线条式转变为浅浮雕式，博局纹极度简化为仅剩"T"字。铭文很少。

唐代时期数量很少，仅有葡萄缠枝花镜和散点式宝相花镜。

北宋时期数量较多，种类较为丰富。有素面镜、凸弦纹镜、花鸟镜、缠枝花镜、私营作坊铭文镜等。时代特征明显，一是铜镜整体形制多样，有圆形、亚字形、六出葵花形、方形等多种类型；二是表现自然生活情趣的花鸟、缠枝花等纹饰较多，与汉代风格迥异；三是新出现私营作坊铭文镜，商品经济和广告意味浓厚。

金代时期发现很少，仅 1 面仙人龟鹤齐寿镜。

元代时期数量较少，仅有瑞兽葡萄镜和菊花镜。

明代时期数量较多，种类亦较丰富。有私营作坊铭文镜、吉祥铭文镜、花卉镜、人物多宝镜、仙鹤人物镜、鸳鸯镜、双鱼镜、仿古镜、凸弦纹镜等。从主题纹饰上看，明代在延续北宋铜镜的基础上有所发展，新出现吉祥铭文镜、人物多宝镜等类型，科举考试、求道生仙等题材成为这一时期的特色。从整体造型上看，一改宋代多种造型的风格，恢复至以圆形镜为主流形态。

清代时期数量很少，仅见凸弦纹镜和素面镜。

济南市考古研究院收藏了绝大部分济南地区发掘出土的铜镜，在很大程度上反映出这一地区铜镜的发展特点。综上可见，在符合全国铜镜发展规律的大背景下济南地区又有一定地方特点。

首先，西汉早期，未见其他地区常见的带铭文的蟠螭、蟠虺、草叶镜。其次，西汉中期，连弧（圈带）铭带很少。第三，西汉晚期至新莽时期，博局镜很少，星云镜相对较多，"日月心"铭文镜突出。第四，战国、东汉、唐代、金代、元代时期，与其他地区铜镜数量及本地区墓葬数量相比，铜镜太少。

造成上述特点的原因，一方面与墓葬等级有关，济南地区已发掘的墓葬绝大多数为小型平民墓，墓主人财力有限，一般只能购买价格较低的普通铜镜。另一方面与某些铜镜种类的发展传播有关。如长安地区星云镜数量多、且集中在西汉中期；山东等地则多晚至西汉晚期，可能与该类镜的传入时间相对较晚有关。再者，与本地区汉代先民的精神追求相关。据目前材料，"日月心"铭文镜仅在鲁北发现较多、其他地区很少，而博局镜恰好相反，或许说明西汉晚期该地大量借铜镜表达相思之情，对其宇宙象征性的关注则很少。至于东汉等时期铜镜的数量很少应与绝大多数墓葬被破坏有关。

总之，这批铜镜数量较多、种类丰富，为研究历代铜镜的发展演变、社会风俗、手工业发展、青铜铸造工艺、丧葬习俗等等方面提供了重要实物资料。

一 战国
（公元前 475 ~ 前 221 年）

1. 禽兽透雕镜

梁二村战国墓（M1：L40）

边长 13.6、缘厚 0.34 厘米

方形，夹层，镜面嵌于镜背之中。小环钮，圆钮座。座外饰四叶纹，其外上、下、左、右各两条界栏，纵横相交呈网格状。外侧四栏的中部各饰两兽面纹，内小外大，连为一体；四角处各置两相对而立的禽鸟；兽面和禽鸟纹均较抽象，由卷曲弧线勾连而成。内侧四栏与钮座相连处设一内置圆饼的单线圆圈，兽面纹两侧为单线圆圈，其余各栏相交处为双线圆圈。镜缘每边均内饰三双线叶纹，彼此勾连，其中中间一叶叶尖向外、两侧叶尖向内；四角各一单线圆圈。

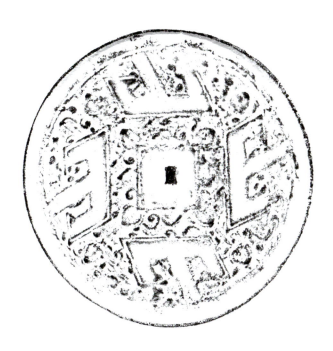

2. 四山镜

东梁王一村遗址（一区 M90：12）

直径 9.2、缘厚 0.35 厘米

圆形。圆钮，方钮座。座外为方形凹面带，其外一周凸弦方格与最外围一周凸弦纹之间饰主纹与地纹。地纹为羽状纹。在地纹之上，方格四角向外伸出四组连贯式花瓣（每组两瓣）将镜背分为四区，每区内有一向左倾斜的山字，山字底边与方格边平行。窄素卷缘。

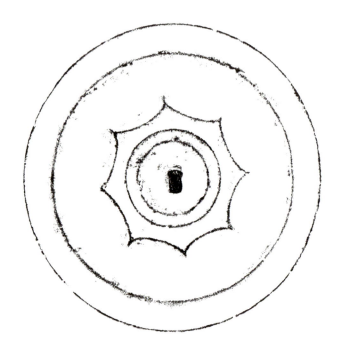

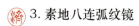**3. 素地八连弧纹镜**

东梁王一村遗址（一区 M130∶2）

直径 8.4、缘厚 0.2 厘米

圆形。圆钮，圆钮座。座外一周较细凸弦纹，再外两周
较粗凸弦纹之间为凸弦式八内向连弧纹圈。窄素卷缘。

二　西汉
（公元前 206 ~ 公元 8 年）

4. 素面镜

女郎山墓地（M313：1）

直径 13.6、缘厚 0.24 厘米

镜面微凸。圆形。三弦钮。窄素缘略卷。

5. 叶纹蟠螭镜

女郎山墓地（M273∶1）

直径 7.7、缘厚 0.21 厘米

圆形。三弦钮，钮外一周凹弧面圈带，其外两周凸弦纹之
间饰主纹和地纹。主纹为三叶纹间隔蟠螭纹，螭首尾呈弧
形卷曲、躯体中部折成菱形，地纹为圆涡纹。宽素卷缘。

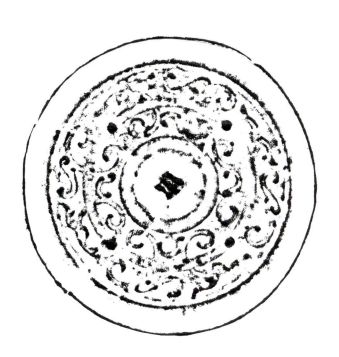

6. 圈带叠压蟠虺镜

女郎山墓地（M364：2）

直径 9.4、缘厚 0.3 厘米

圆形。三弦钮。钮外一周窄凹面圈带，其外为主纹
和地纹。主纹为四组卷曲的蟠虺纹，蟠虺主体呈两
相背而立的"C"字形，中下部由一短弧线相连，
右侧"C"形上方另接一短弧线；圆涡纹为地纹。
蟠虺纹上叠压一周窄凹面圈带，其上均匀分布四枚
乳钉。再外为一周凸弦纹。

7. 圈带蟠虺连弧镜

魏家庄遗址（M47：1）

直径 12.27、缘厚 0.43 厘米

锈蚀较重。圆形。三弦钮。钮外一周窄凹面圈带，其外两
周凸弦纹之间为主纹和地纹。主纹为四组极度涡化的虺纹，
由一大一小、反向相反的两"C"字形弧线连接而成，其
中大"C"字形内侧各有一乳丁，地纹为较稀疏的圆涡纹，
再外为一周内向十六连弧纹圈带。宽素卷缘。

8. 蟠螭镜

巡检村东墓地（M21：2）
直径 6.9、缘厚 0.18 厘米

圆形。三弦钮，圆钮座。座外两周凸弦纹之间饰主纹和地纹。主纹为三条呈连续"S"形卷曲的蟠螭纹，地纹为圆涡纹。宽素卷缘。

9. 日光对称单层草叶镜

魏家庄遗址（M105：6）

直径 13.9、缘厚 0.51 厘米

圆形。圆钮，柿蒂纹钮座。座外一凸弦纹小方格和一凹面大方格（外附凸弦纹），之间为缪篆体顺时针铭文带"见日之光，天下大明"，每边两字，每字间隔一横线，四角各一内含斜线的方格、邻格内斜线方向相反，大方格四角各向外伸出双瓣一苞花枝纹，四边中心点外各一圆座乳丁，钉外一桃形花苞，两侧各一单层对称草叶纹。内向十六连弧纹缘。

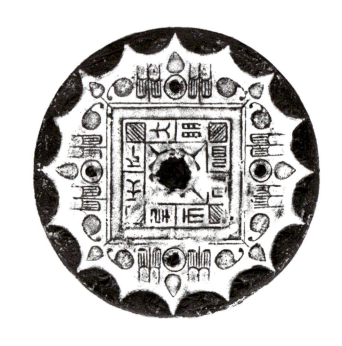

10. 日光对称单层草叶镜

魏家庄遗址（M126∶5）

直径 13.2、缘厚 0.42 厘米

锈蚀较重。圆形。圆钮，柿蒂纹钮座。座外一凸弦纹小方格和
一凹面大方格（外附一凸弦纹方格），之间为缪篆体顺时针铭
文带"见日之光，天下大明"，每边两字，每字间隔一横线，
四角各一内含斜线的方格、邻格内斜线方向相反，大方格四角
各向外伸出一双瓣花枝纹，四边中心点外各一圆座大乳丁，钉
外一桃形花苞、两侧各一单层对称草叶纹。内向十六连弧纹缘。

11. 日有熹对称连叠草叶镜

魏家庄遗址（M111：6）

直径 16.2、缘厚 0.5 厘米

圆形。圆钮，柿蒂纹钮座。座外两周凹面方格（大方格外附凸弦纹），之间为缪篆体顺时针铭文带"日有熹，宜酒食，长贵富，乐毋事"，每边三字，四角各一对称三角形回纹组成的方格，大方格四角各向外伸出双瓣一苞花枝纹，四边中心点外各一圆座大乳丁，钉内三短竖线、外一桃形花苞，两侧各一连叠对称草叶纹。内向十六连弧纹缘。

12. 日有熹对称连叠草叶镜

魏家庄遗址（M167：4）

直径 18.2、缘厚 0.46 厘米

锈蚀较重。圆形。圆钮，柿蒂纹钮座。座外两周凹面方格（大方格外附凸弦纹），之间为缪篆体逆时针铭文带"日有熹，长贵富，□君喜，乐毋事"，每边三字，四角各一对称重三角形组成的方格，大方格四角各向外伸出双瓣一苞花叶纹，四边中心点外各一圆座大乳丁，钉外一桃形花苞、两侧各一连叠对称草叶纹。内向十六连弧纹缘。

13. 星云镜

田家西南遗址（M3∶1）
直径 10、缘厚 0.28 厘米

圆形。连峰钮，圆钮座。座上均匀分布的四短弧线
与四外附五短竖线的内弧月牙纹相间环列，座外一
周内向十六连弧纹圈带。其外两周凸弦纹之间为主
纹，四枚连珠纹座的乳丁分为四区，每区内各有弧
线相连的四枚小乳丁。内向十六连弧纹缘。

14. 星云镜

魏家庄遗址（M85：5）

直径 15.1、缘厚 0.7 厘米

半面。原为圆形。连峰钮，圆钮座。座上均匀分布四乳丁纹，间饰外附七短竖线的内弧月牙纹和四短弧线，座外一周内向十六连弧纹圈带。其外一周凸弦纹和一周内外两侧各附一凸弦纹的短斜线纹带之间为主纹，四枚并蒂连珠纹座的大乳丁分为四区，每区内各有弧线相连的八枚小乳丁。内向十六连弧纹缘。

15. 星云镜

魏家庄遗址（M35：5）

直径 10.38、缘厚 0.33 厘米

圆形。连峰钮，圆钮座。座上均匀分布的四短弧线与四外附五短竖线的内弧月牙纹相间列，座外一周内向十六连弧纹圈带。其外两周凸弦纹之间为主纹，四枚并蒂连珠纹座的乳丁分为四区，每区内各有弧线相连的七枚小乳丁。内向十六连弧纹缘。

16. 星云镜

魏家庄遗址（M110：5）

直径 13.62、缘厚 0.62 厘米

略残。圆形。连峰钮，圆钮座。座内均匀分布四组短弧
线与四组外附七条短竖线的内弧月牙纹相间环列，其外
一周凸弦纹，再外一周内向十六连弧纹圈带。外区一周
凸弦纹与一周内外两侧各附一凸弦纹的短斜线纹带之间
为主纹，四枚并蒂连珠纹座的大乳丁分为四区，每区内
各有弧线相连的七枚小乳丁。内向十六连弧纹缘。

17. 星云镜

魏家庄遗址（M131：10）

直径 10.38、缘厚 0.3 厘米

圆形。连峰钮，圆钮座。座上均匀分布的四短弧线
与四外附四短竖线的内弧月牙纹相间环列，座外一
周内向十六连弧纹圈带。其外两周凸弦纹之间为主
纹，四枚并蒂连珠座的大乳丁分为四区，每区内各
有弧线相连的七枚小乳丁。内向十六连弧纹缘。

 18. 星云镜

魏家庄遗址（M158：6）

直径 10.45、缘厚 0.33 厘米

略残。圆形。连峰钮，圆钮座。座上均匀分
布四短弧线与四外附五短竖线的内弧月牙纹
相间环列，座外一周内向十六连弧纹圈带。
外区两周凸弦纹之间为主纹，四枚并蒂连珠
纹座的大乳丁分为四区，每区内各有弧线相
连的七枚小乳丁。内向十六连弧纹缘。

 19. 星云镜

魏家庄遗址（M163：7）

直径 10.86、缘厚 0.5 厘米

锈蚀较重。圆形。连峰钮，圆钮座。座上纹饰
不甚清晰，可辨外附短竖线的内弧月牙纹。座
外一周内向十六连弧纹圈带。其外两周短斜线
和凸弦纹组合纹带之间为主纹，四枚并蒂连珠
纹座的大乳丁分为四区，每区内各有弧线相连
的七枚小乳丁。内向十六连弧纹缘。

20. 星云镜

魏家庄遗址（M34：6）

直径 9.43、缘厚 0.2 厘米

圆形。连峰钮，圆钮座。座内均匀分布四组短弧线（每组两条），座外一周内向十六连弧纹圈带。其外两周凸弦纹之间为主纹，四枚连珠纹座的大乳丁分为四区，每区内各有弧线相连的七枚小乳丁。内向十六连弧纹缘。

21. 星云镜

魏家庄遗址（M83：6）

直径 9.98、缘厚 0.22 厘米

裂，锈蚀较重。圆形。连峰钮，圆钮座。座外一
周内向十六连弧纹圈带。其外两周凸弦纹之间为
主纹，四枚连珠纹座的大乳丁分为四区，每区内
各有七枚小乳丁。内向十六连弧纹缘。

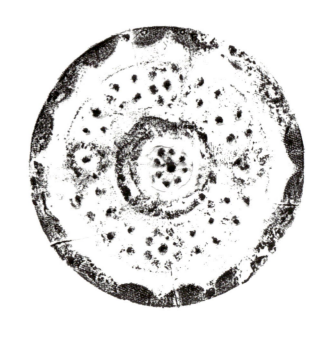

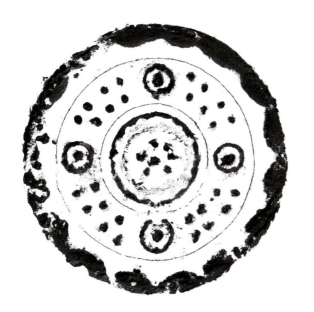

22. 星云镜

魏家庄遗址（M161：1）

直径 9.69、缘厚 0.33 厘米

略有锈蚀。圆形。连峰钮，圆钮座。座外一周
内向十六连弧纹圈带。外区两周凸弦纹之间为
主纹，四枚圆座的大乳丁分为四区，每区内各
有弧线相连的七枚小乳丁。内向十六连弧纹缘。

23. 星云镜

魏家庄遗址（M87：1）

直径 7.48、缘厚 0.36 厘米

锈蚀较重。圆形。连峰钮，圆钮座。钮座与一周
内外两侧各附一凸弦纹的短斜线纹带之间为主
纹，四枚圆座大乳丁分为四区，每区内各有弧线
相连的五枚小乳丁。内向十六连弧纹缘。

24. 星云镜

魏家庄遗址（M153：7）

直径 7.59、缘厚 0.46 厘米

圆形。连峰钮，圆钮座。座外两周短斜线
和凸弦纹组合纹带之间为主纹，四枚圆座
的大乳丁分为四区，每区内各有短弧线相
连的五枚小乳丁。内向十六连弧纹缘。

25. 星云镜

平阴西山墓地（M21：5）

直径 7.47、缘厚 0.42 厘米

圆形。连峰钮。钮外一周凸弦纹与短斜线和凸弦纹组合纹带之间为主纹，四枚圆座的乳丁分为四区，每区内各有五枚弧线相连的乳丁。内向十六连弧纹缘。

26. 日光连弧铭带镜

魏家庄遗址（M42：1）
直径 8.76、缘厚 0.34 厘米

圆形。圆钮，圆钮座。座外均匀伸出的四组短竖线（每组三条）与四组短斜线（每组两条）相间环列，其外一周内向八连弧纹圈带。外区两周短斜线和凸弦纹组合纹带之间为顺时针铭文带"见日之光，明天下大"，字体为圆转式篆隶体，每字间隔一类似涡纹或斜田纹符号。宽素平缘。

27. 日光连弧铭带镜

魏家庄遗址（M156：11）

直径 8.45、缘厚 0.5 厘米

圆形。圆钮，圆钮座。座外均匀分布四组短竖线（每组三条），其外一周内向八连弧纹圈带。外区两周短斜线和凸弦纹组合纹带之间为顺时针铭文带，"见日之光，天下大明"，字体为圆转式篆隶体，每字间隔一类似涡纹或斜田纹符号。宽素平缘。

28. 日光连弧铭带镜

魏家庄遗址（M82：1）

直径 8.45、缘厚 0.53 厘米

圆形。圆钮，圆钮座。座外均匀伸出的四组短竖线（每
组三条）与四条短斜线相间环列，再外一周内向八
连弧纹圈带。外区两周短斜线和凸弦纹组合纹带之
间为顺时针铭文带"见日之光，天下大明"，字体
为圆转式篆隶体，多数字体笔画首尾加重呈楔形，
每字间隔一类似涡纹或斜田纹符号。宽素平缘。

29.日光连弧铭带镜

魏家庄遗址（M84：4）

直径 7.76、缘厚 0.46 厘米

圆形。圆钮，圆钮座。座外均匀伸出的四组短竖线（每
组三条）与四条短竖线相间环列，其外一周内向八
连弧纹圈带。外区两周短斜线和凸弦纹组合纹带之
间为顺时针铭文带"见日之光，天下大明"，字体
为圆转式篆隶体，多数字体笔画首尾加重呈楔形，
每字间隔一类似涡纹或斜田纹符号。宽素平缘。

30. 日光连弧铭带镜

魏家庄遗址（M65：8）

直径 7.08、缘厚 0.33 厘米

圆形。圆钮，圆钮座。座外均匀伸出四条短射线，其间夹饰内附三短线的外弧月牙纹，再外一周内向八连弧纹圈带。外区两周短斜线和凸弦纹组合纹带之间为顺时针铭文带"见日月心，勿白毋忘"，字体为圆转式篆隶体、有简化字，每字间隔一类似涡纹符号。窄素平缘。

31. 日光连弧铭带镜

魏家庄遗址（M137：3）

直径 6.6、缘厚 0.25 厘米

圆形。圆钮，圆钮座。座外均匀分布的四条短弧线纹与
四条月牙纹相间环列，再外一周内向八连弧纹圈带。外
区两周短斜线和凸弦纹组合纹带之间为顺时针铭文带"见
日月心，勿夫"，字体为圆转式篆隶体，少数笔画首尾
加重呈楔形，每字间隔一类似涡纹符号。窄素平缘。

32.日光连弧铭带镜

魏家庄遗址（M142∶16）

直径 7.61、缘厚 0.49 厘米

圆形。圆钮，圆钮座。座外均匀伸出四条短弧线与四组内附三短线的内弧月牙纹相间环列，其外一周内向八连弧纹圈带。外区两周短斜线和凸弦纹组合纹带之间为顺时针铭文带"见日之光，天下大明"，字体为圆转式篆隶体，少数笔画首尾加重呈楔形，每字间隔一类似涡纹或斜田纹符号。窄素平缘。

33. 日光连弧铭带镜

魏家庄遗址（M129：4）

直径 6.93、缘厚 0.34 厘米

圆形。圆钮，圆钮座。座外均匀伸出的四条短弧线与四组双层月牙纹相间环列，再外一周内向八连弧纹圈带。外区两周短斜线和凸弦纹组合纹带之间为顺时针铭文带"见日月心，勿夫毋忘"，字体为圆转式篆隶体，有简化，每字间隔一类似涡纹符号。窄素平缘。

34. 日光连弧铭带镜

魏家庄遗址（M143：6）

直径 7.28、缘厚 0.53 厘米

锈蚀较重。圆形。圆钮，圆钮座。座外均匀分布的四条短弧线与四条短折线相间环列，其外一周内向八连弧纹圈带。外区两周短斜线和凸弦纹组合纹带之间为顺时针铭文带，可辨"见日之……大……"等字，字体为圆转式篆隶体，少数字体笔画首尾加重呈楔形每字间隔一类似涡纹或斜田纹符号。窄素平缘。

35. 日光连弧铭带镜

魏家庄遗址（M157：1）

直径 6.86、缘厚 0.56 厘米

圆形。圆钮，圆钮座。座外均匀分布的四短弧线与外附三短竖线的内折纹相间环列，其外一周内向八连弧纹圈带。外区两周短斜线与凸弦纹组合纹带之间为顺时针铭文带"见日月心，勿夫毋忘"，字体为圆转式篆隶体有简化，少数字体笔画首尾加重呈楔形，每字间隔一类似涡纹符号。窄素平缘。

36. 日光连弧铭带镜

孙家东墓地（二区 M62：3）

直径 7.7、缘厚 0.51 厘米

裂。圆形。圆钮，圆钮座。座外均匀伸出的四短弧线（每组两条）与四条短折线相间环列，其外一周内向八连弧纹圈带。外区两周短斜线与凸弦纹组合纹带之间为顺时针铭文带"见日之光，长不相忘"，字体为圆转式篆隶体，少数字体笔画首尾加重呈楔形，每字间隔一斜田纹符号。窄素平缘。

37. 日光连弧铭带镜

孙家东墓地（二区 M37：3）
直径 8.76、缘厚 0.38 厘米

圆形。圆钮，圆钮座。座外一周内向八连弧纹圈带。
其外两周短斜线与凸弦纹组合纹带之间为逆时针铭文
带"见日之下，光大天明"，字体为圆转式篆隶体，
左右刻划颠倒，多数字体笔画首尾加重呈楔形，每字
间隔一类似涡纹或斜田纹的符号。宽素平缘。

38. 日光连弧铭带镜

孙家东墓地（M20：1）

直径 6.47、缘厚 0.46 厘米

圆形。圆钮，圆钮座。座外均匀伸出的四条短弧线与四条短折线相间环列，其外一周内向八连弧纹圈带。外区两周短直线与凸弦纹组合纹带之间为顺时针铭文带"见日之光，天下大明"，字体为圆转式篆隶体、部分字体笔画首尾加重呈楔形，每字间隔一长弧线或斜田纹符号。窄素卷缘。

39. 日光连弧铭带镜

华信路新莽墓（M1：1）

直径 8.26、缘厚 0.53 厘米

圆形。圆钮，圆钮座。座外均匀伸出四条短直线与四组短直线（每组三条）相间环列，其外一周内向八连弧纹圈带。外区两周短斜线与凸弦纹组合纹带之间为顺时针铭文带"见日之光，天而下明"，字体为圆转式篆隶体，多数笔画首尾加重呈楔形，每字间顺序间隔一类似涡纹或斜田纹的符号。宽素平缘。

40. 日光圈带铭带镜

魏家庄遗址（M97：6）
直径 7.55、缘厚 0.49 厘米

略有锈蚀。圆形。圆钮，并蒂连珠纹钮座。座外一周窄凸面圈带。外区两周短斜线和凸弦纹组合纹带之间为顺时针铭文带"久不相见，长毋相忘"。字体为圆转式篆隶体、部分字体首尾笔画加重呈楔形，每字间隔一类似涡纹或斜田纹符号。宽素平缘。

41. 日光圈带铭带镜

魏家庄遗址（M56：1）

直径 6.93、缘厚 0.47 厘米

圆形。圆钮，圆钮座。座外一周窄凸面圈带。外区两周短斜线和凸弦纹组合纹带之间为顺时针铭文带"见日月心，勿夫毋忘"，字体为圆转式篆隶体、部分字体首尾笔画加重呈楔形，字体简化，每字间隔一类似涡纹符号。窄素平缘。

42. 日光圈带铭带镜

孙家东墓地（M27：3）
直径 8.2、缘厚 0.44 厘米

圆形。圆钮，圆钮座。座外一周窄凸面圈带。其外
两周短斜线与凸弦纹组合纹带之间为顺时针铭文带
"日月心，勿夫毋勿忘"，字体为圆转式篆隶体、
部分字体首尾笔画加重呈楔形，每两字间隔一圆涡
纹，首尾之间用双层月牙纹隔开。宽素平缘。

43. 日光圈带铭带镜

孙家东墓地（M40：3）

直径 6.4、缘厚 0.22 厘米

残。圆形。圆钮，圆钮座。座外一周窄凸面圈带。其外两周短斜线与凸弦纹组合纹带之间为顺时针铭文带"…月心，勿…"，字体为圆转式篆隶体，部分字体首尾笔画加重呈楔形，个别铭文字体刻划左右颠倒，每字间隔一涡纹。窄素卷缘。

44. 日光圈带铭带镜

巡检村东墓地（M26：3）
直径 8.6、缘厚 0.25 厘米

圆形。圆钮，圆钮座。座外一周凸弦纹，其外均匀伸出八组短直线（每组三条）。再外为一周窄凸面圈带。外区两周凸弦纹之间为顺时针铭文带"日月心，忽而穆，内而长不而"，字体为圆转式篆隶体，部分字体笔画首尾加重呈楔形，"穆""内"间隔一涡纹符号，首尾之间以一涡纹和一"∴"符号隔开。宽素平缘。

45. 日光圈带连弧铭带镜

魏家庄遗址（M125：3）
直径 10、缘厚 0.5 厘米

圆形。圆钮，圆钮座。座外一周窄凸面圈带，其外
均匀分布的四条短弧线与内附三短竖线的双层内弧
月牙纹相间环列，再外一周内向八连弧纹圈带。外
区两周短斜线和凸弦纹组合纹带之间为顺时针铭文
带"日月心，忽夫毋之忠，勿忘"，字体为圆转式
篆隶体，每两字间隔一类似涡纹符号。窄素平缘。

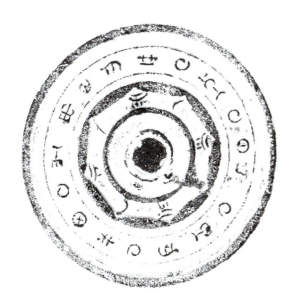

46. 日光圈带连弧铭带镜

孙家东墓地二区（M6∶3）
直径 10.2、缘厚 0.35 厘米

圆形。圆钮，圆钮座。座外一周窄凸面圈带，
其外均匀分布的四条短弧线与内附三短竖线的
双层内弧月牙纹相间环列，再外一周内向八连
弧纹圈带。外区两周凸弦纹之间为顺时针铭文
带"日□心，勿夫毋之忠，勿相忘"，字体为
圆转式篆隶体，每两字间隔一类似涡纹，首尾
间隔一类似涡纹符号。窄素平缘。

47. 日光凸弦纹铭带镜

魏家庄遗址（M39:1）

直径 6.652、缘厚 0.32 厘米

圆形。圆钮，圆钮座。座外一周凸弦纹。外区
两周短斜线和凸弦纹组合纹带之间为顺时针铭
文带"见日月心，勿夫"，字体为圆转式篆隶
体、有简化，部分字体笔画首尾加重呈楔形，
每字间隔一类似涡纹符号。窄素卷缘。

48. 日光凸弦纹铭带镜

魏家庄遗址（M99：5）

直径 6.25、缘厚 0.38 厘米

圆形。圆钮，圆钮座。座外一周花瓣状弧线。其外一周凸弦纹和一周短斜线和凸弦纹组合纹带之间为顺时针铭文带"见日之光，长□□忘"，字体为圆转式篆隶体、有简化，部分字体笔画首尾加重呈楔形，每两字之间隔一斜田纹。宽素平缘。

49. 昭明圈带连弧铭带镜

孙家东墓地（二区 M26:3）
直径 12.7、缘厚 0.45 厘米

圆形。圆钮，并蒂连珠纹钮座。座外均匀伸出四组短线（每组两条），其外一周窄凸面圈带，圈带外均匀分布四组短弧线（每组三条）、四外附三短线的乳丁纹、四蝶形乳丁纹相间环列，再外一周内向八连弧纹圈带。外区两周短斜线与凸弦纹组合纹带之间为顺时针铭文带"内清以昭明，光辉象夫日月，心忽而愿忠，然塞不泄"，字体为圆转式篆隶体、部分笔画首尾加重呈楔形，"而""愿"之间以".。"符号隔开。宽素平缘。

50. 昭明圈带连弧铭带镜

魏家庄遗址（M92：1）

直径 10.6、缘厚 0.49 厘米

略锈蚀。圆形。圆钮，圆钮座。座外一周窄凸面圈带，带外伸出的四组短线纹（每组三条）与四组内附四条短线的月牙纹相间环列，其外一周内向八连弧纹圈带。外区两周短斜线和凸弦纹组合纹带之间为顺时针铭文带"内清质以昭明，光象夫日月，心忽而忠"，字体为圆转式篆隶体，部分笔画首尾加重呈楔形。宽素平缘。

51. 昭明圈带连弧铭带镜

魏家庄遗址（M140：6）

直径 12.1、缘厚 0.44 厘米

略有锈蚀，裂成数块。圆形。圆钮，圆钮座。座外均匀分布四组短线纹（每组三条），其外一周窄凸面圈带，带外伸出的四涡纹与四组内附三～五条短线的月牙纹相间环列，其外一周内向八连弧纹圈带。外区两周短斜线和凸弦纹组合纹带之间为顺时针铭文带"内以昭明，光辉日月，心忽而穆忠，然雍塞而不泄"，字体为圆转式篆隶体、部分笔画首尾加重呈楔形。宽素平缘。

52. 昭明圈带连弧铭带镜

孙家东墓地（二区 M22：3）
直径 11.25、缘厚 0.27 厘米

圆形。圆钮，圆钮座。座外均匀伸出八组短弧线（每组三条），隔组方向相反，其外一周窄凸面圈带，圈带外均匀伸出四短直线，再外一周内向八连弧纹圈带。外区两周短斜线与凸弦纹组合纹带之间为顺时针铭文带"内清以昭，光日月，心忽而忠，然壅□而不泄"，字体为圆转式篆隶体、部分笔画首尾加重呈楔形，"光""日"之间以"‥"符号隔开。宽素平缘。

53. 昭明圈带连弧铭带镜

魏家庄遗址（M91：1）

直径 16.1、缘厚 0.59 厘米

锈蚀较重。圆形。圆钮，连珠纹钮座。座外一周窄凸面圈带，其外一周内向八连弧纹圈带，两圈带之间四组由弧线和两乳丁组成的蝶形纹与四单乳丁交错分布。外区两周短线纹和凸弦纹组合纹带之间为顺时针铭文带，因锈蚀只能辨认"……质……明……愿忠……"等字，字体为方正式篆隶体，笔画首尾加重呈楔形。宽素平缘。

54. 昭明连弧铭带镜

女郎山墓地（M53：1）
直径 9.25、缘厚 0.35 厘米

圆形。圆钮，圆钮座。座外均匀伸出四组内附三短
竖线的外弧月牙纹与四条短弧线相间环列，其外一
周内向八连弧纹圈带。再外两周短斜线与凸弦纹组
合纹带之间为顺时针铭文带"内清以光日月愿忠泄"，
字体为方正式篆隶体、部分笔画首尾加重呈楔形，
每字间隔一"而"字，首尾以一横线隔开。宽素平缘。

55. 昭明连弧铭带镜

孙家东墓地（二区 M8：3）
直径 9.8、缘厚 0.66 厘米

圆形。圆钮，圆钮座。座外均匀伸出四组内附三短竖
线的外弧月牙纹与四条短横线相间环列，其外一周内
向八连弧纹圈带。再外两周短斜线与凸弦纹组合纹带
之间为顺时针铭文带"内清以昭明，光夫日月"，字
体为方正式篆隶体、部分笔画首尾加重呈楔形，两字
之间隔一而字，首尾以扁方框隔开。宽素平缘。

56. 日有熹圈带连弧铭带镜

魏家庄遗址（M120：6）
直径 11.75、缘厚 0.7 厘米

锈蚀较重。圆形。圆钮，圆钮座。座外一周窄凸面圈带，其外均匀分布八组短弧线（每组三条）与内附三短竖线的内弧月牙纹相间列，再外一周内向十六连弧纹圈带。外区两组短斜线和凸弦纹组合纹带之间为缪篆体顺时针铭文带"日日有熹，月有富，乐毋有事，宜酒食，□□□□□而一"。宽素平缘。

57.昭明皎光重圈铭带镜

魏家庄遗址（M97：5）

直径 13.18、缘厚 0.5 厘米

圆形。圆钮，并蒂连珠纹钮座。座外一周四瓣花状凸弦纹（外附短线纹），其外两周窄凸面圈带及镜缘夹两周顺时针篆书铭文带，每周铭文带内外两侧各有一组短线纹和凸弦纹组合纹饰带。内重铭文为"内清质以昭明，光辉象夫日月，心忽穆而愿忠，然壅塞而不泄"。外重铭文为"妙皎光而曜美兮，挟佳都而承间，怀驩察而性宁兮，爱存神而不迁，得并执而不弃兮，精照晰而侍君"。窄素平缘。

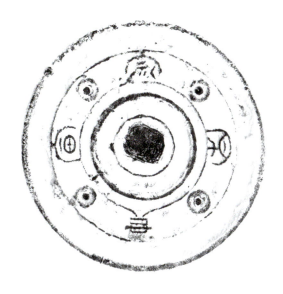

58. 家常贵富四乳铭文镜

孙家东墓地（M35：3）
直径 6.46、缘厚 0.44 厘米

圆形。圆钮，圆钮座。座外一周窄凸面圈带。
其外两周短斜线与凸弦纹组合纹带之间为主
纹，四枚带圆座的乳丁分为四区，每区内各
有一字，顺时针合读为"家常贵富"，字体
为圆转式篆隶体。窄素卷缘。

59. 神人瑞兽镜

魏家庄遗址（M50：9）

直径 11.2、缘厚 0.42 厘米

裂，略有锈蚀。圆形。圆钮，并蒂连珠纹钮座。座
外均匀伸出四组短竖线（每组三条），其外一周窄
凸面圈带。外区两周短斜线和凸弦纹组合纹带之间
为主纹，饰有线条式神人、瑞兽等图案。宽素平缘。

60. 四乳四虺镜

魏家庄遗址（M27：3）
直径 15.4、缘厚 0.64 厘米

圆形。圆钮，柿蒂纹钮座。钮座四叶间饰两侧各附两弧线的桃形花苞，其外一周凸弦纹和短斜线组合纹带、一周窄凸面圈带。再外两周短斜线和凸弦纹组合纹带之间为主纹，四枚带圆座的乳丁分为四区，每区内各有一虺纹，双钩形身躯，虺外侧一端分别伸出青龙、白虎、朱雀、玄武的头及颈部、内侧为一立鸟或飞鸟，左上方一简化鸟纹、前后饰短弧线和涡纹（或象征云气）。宽素平缘。

61. 四乳四虺镜

魏家庄遗址（M7：3）

直径 10.4、缘厚 0.42 厘米

圆形。圆钮，圆钮座。座外均匀伸出四组短竖线（每组三条）与四组短弧线（每组三条）相间列，其外一周窄凸面圈带。再外两周短斜线和凸弦纹组合纹带之间为主纹，四枚带圆座的乳丁分为四区，每区内各有一虺纹，双钩形身躯，外侧各一歧冠立鸟纹、内侧各一简单歧冠鸟纹，前后饰短弧线或简化鸟纹。宽素平缘。

62. 四乳四虺镜

魏家庄遗址（M136：1）
直径 8.28、缘厚 0.54 厘米

裂，锈蚀较重。圆形。圆钮，圆钮座。座外均匀分布四组短线纹（每组三条）与四短弧线相间环列，其外一周凸弦纹。外区两周短斜线和凸弦纹组合纹带之间为主纹，四枚带圆座的乳丁分为四区，每区内各有一虺纹，双钩形身躯的内、外两侧各有一简单立鸟纹，前后饰短弧线（或象征云气）。宽素平缘。

63. 四乳四虺镜

魏家庄遗址（M154：4）
直径 9.78、缘厚 0.73 厘米

圆形。圆钮，圆钮座。座外一周凸弦纹。其外两组短斜线和凸弦纹组合纹带之间为主纹，四枚带圆座的乳丁分为四区，每区内各有一虺纹，双钩形身躯的内、外两侧各有一简单立鸟纹，前后饰短弧线（或象征云气）。宽素平缘。

64. 四乳四虺镜

孙家东墓地（二区 M12：3）

直径 8、缘厚 0.38 厘米

圆形。圆钮，圆钮座。座外座外均匀伸出四组短竖
线（每组三条），间饰短直线，其外一周凸弦纹。
外区两周短斜线与凸弦纹组合纹带之间为主纹，四
枚带圆座的乳丁分为四区，每区内各有一虺纹，双
钩形身躯内侧各一弧线、外侧各有一简化鸟纹，前
后饰短弧线（或象征云气）。宽素平缘。

65.四乳四虺镜

于家埠墓地（M8∶3）

直径 10.4、缘厚 0.43 厘米

圆形。圆钮，圆钮座。座外均匀伸出四组短线
纹（每组三条），间饰一短弧线，其外为一周
窄凸面圈带。外区两周短斜线和凸弦纹组合纹
带之间为主纹，四枚圆座的乳丁分为四区，每
区内各有一虺纹，双钩形身躯外侧各一歧冠立
鸟纹、内侧各一无冠鸟纹、左侧各一简单立鸟纹，
间饰短弧线（或象征云气）。宽素平缘。

66. 四乳四虺镜

孙家东墓地（二区 M64：3）
直径 7.56、缘厚 0.43 厘米

圆形。圆钮，圆钮座。座外均匀分布四组短线（每组三条）与四短直线相间环列，其外一周窄凸面圈带。外区两周短斜线和凸弦纹组合纹带之间为主纹，四枚带圆座的乳丁分为四区，每区内各有一虺纹，双钩形身躯外侧一简化鸟纹，内侧一短弧线，前后饰短弧线（或象征云气）。宽素平缘。

67. 四乳四虺镜

于家埠墓地（M3：4）
直径 8.15、缘厚 0.48 厘米

圆形。圆钮，圆钮座。座外均匀伸出四组短线（每组三条）与四组短弧线（每组两条）相间环列，其外一周凸弦纹。外区两周短斜线和凸弦纹组合纹带之间为主纹，四枚带圆座的乳丁分为四区，每区内各有一虺纹，双钩形身躯的内、外两侧各有一简单立鸟纹，前后饰短弧线（或象征云气）。宽素平缘。

68. 四乳四虺镜

孙家东墓地（二区 M58：2）
直径 7.9、缘厚 0.35 厘米

圆形。圆钮，圆钮座。座外一周凸弦纹。其外两周短斜线和凸弦纹组合纹带之间为主纹，四枚带圆座的乳丁分为四区，每区内各有一虺纹，近双钩形身躯内、外两侧各一短弧线，前端饰三短弧线。宽素平缘。

69. 四乳禽兽铭文镜

魏家庄遗址（M144:5）

直径 12.72、缘厚 0.58 厘米

圆形。圆钮，柿蒂纹钮座。座外叶间篆书"长宜子孙"四字，再外一周宽凸面圈带，外区两周短斜线和凸弦纹组合纹带之间为主纹，四枚带圆座的乳丁分为四区，每区内分别为有翼龙、朱雀、带翼虎和长尾蟾蜍（或谓之猿），禽兽前后均布卷草纹和云气。宽素平缘。

70. 四乳禽兽铭文镜

魏家庄遗址（M128：8）
残长 13.7、缘厚 0.7 厘米

锈蚀严重，残破，约 1/4 纹饰清晰，推测原为圆形。钮及钮座不详。钮座外一周窄凸面圈带，其外一周顺时针铭文带，铭文可辨"心忽"二字。再外两周凸弦纹（外周外侧附短斜线纹）之间为主纹，残余两带圆座的乳丁，其间一虎纹。乳丁两侧余少部分兽纹。宽素平缘。

71. 四乳八鸟镜

魏家庄遗址（M51：4）

直径 8.41、缘厚 0.51 厘米

圆形。圆钮，圆钮座。座外均匀分布四组短竖线（每组三条）与短斜线（每组三条）相间环列，其外一周凸弦纹。再外两周短斜线和凸弦纹组合纹带之间为主纹，四枚圆座乳丁分为四区，每区内饰两两相对的立鸟纹，较为形象，表现出鸟的轮廓、歧冠、羽翼、翘尾。宽素平缘。

72.四乳八鸟镜

孙家东墓地（二区 M60：1）

直径 9、缘厚 0.47 厘米

圆形。圆钮，圆钮座。座外均匀伸出四组短竖线与四组短弧线（均为每组三条）相间环列，其外一周窄凸面圈带。外区两周短斜线和凸弦纹组合纹带之间为主纹，四枚圆座乳丁分为四区，每区内饰两相对面立鸟纹，较为形象，表现出鸟的轮廓、歧冠、羽翼、翘尾。宽素平缘。

73. 八禽博局镜

于家埠墓地（M6：3）
直径 12.66、缘厚 0.41 厘米

圆形。圆钮，柿蒂纹钮座。座外双线方格，其与一
周短斜线和凸弦纹组合纹带之间为主纹，其中双线
方格外侧每边中间有一"T"形纹、凸弦纹内侧相
间分布"L"形纹和"V"形纹，这些博局纹将主
纹区域分为四方八极，每区配以一带圆座的乳丁和
一禽鸟；每一方两区内的禽鸟隔"L"纹相背而立，
隔"V"纹两两相对。主纹之间饰以涡纹和短弧线。
宽平缘，上饰两周锯齿纹夹一周双线波纹。

三 东汉
（25～220年）

74. 几何纹简化博局镜

东梁王一村遗址（二区 M4：1）

直径 9.6、缘厚 0.38 厘米

圆形。圆钮，圆钮座。座外两周凸弦纹方格，方格四角各一圆座乳丁，四边中心各接一"T"形纹，"T"形纹两侧饰勾卷纹、内附三短直线的外弧月牙纹及短线纹（每组三条），外侧饰内弧月牙纹，整体似为较抽象的鸟纹，再外一周短斜线和凸弦纹组合纹带、一周锯齿纹、一周凸弦纹。窄素三角缘。

75. 四乳卷草镜

大观园省二轻厅工业品纺织公司
直径 7.84、缘厚 0.48 厘米

圆形。圆钮，圆钮座。座外四方座乳丁分
为四区，每区饰一卷草纹，两草叶外卷，
上下各一弧线。其外为凸弦纹和短直线组
合纹饰带，再外一周锯齿纹。窄素三角缘。

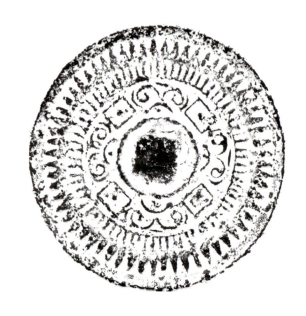

76. 四乳神兽镜

奥体中路墓地（M3：8）

直径 11.2、缘厚 0.69 厘米

锈蚀严重。圆形。圆钮，圆钮座。钮座与一周凸弦纹之间为主纹，四圆座乳丁分为四区，每区一浮雕式神兽或禽鸟纹，形态各异，不甚清晰。其外为似为一周凸弦纹、一周短线纹与凸弦纹组合纹带、两周锯齿纹。窄素三角缘。

77. 四乳神人龙虎铭带镜

女郎山（M284∶3）

直径 15.3、缘厚 0.5 厘米

残，锈蚀较重。圆形。圆钮，圆钮座。座外一周
窄凸面圈带。带外四枚圆座乳丁分为四区，每区
分饰浮雕式龙、虎、神人等图案。其外两周凸弦
纹之间为铭文带，可辨"……氏作镜真大……老，
渴饮玉泉……"。铭文带外依次为短线纹、锯齿
纹、凸弦纹和双线波折纹。窄素三角缘。

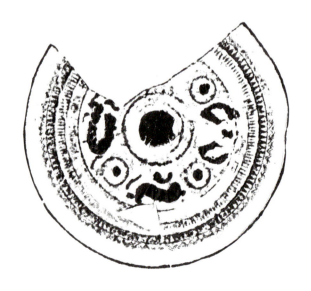

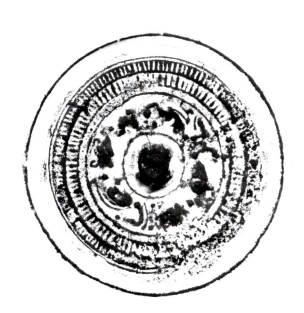

78. 三虎镜

于家埠墓地（M13：5）

直径 8.32、缘厚 0.67 厘米

锈蚀。圆形。圆钮，圆钮座。座外环绕
浮雕式三虎，两虎相对，一虎尾随。其
外依次环绕一周凸弦纹、两周短斜线和
凸弦纹组合纹带、两周凸弦纹。三角缘。

 79. 三虎镜

巡检村东墓地（M4：1）

直径 8.7、缘厚 0.84 厘米

圆形。圆钮，圆钮座。座外环绕浮雕式三虎，两虎相对，一虎尾随。其外依次环绕两周凸弦纹、一周短斜线和凸弦纹组合纹带。宽素卷缘。

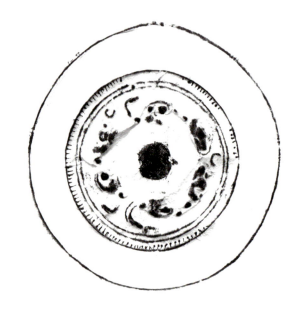

80. 飞鸟镜

女郎山墓地（M255：1）

直径 8.71、缘厚 0.66 厘米

圆形。圆钮，圆钮座。钮及钮座下叠压
一飞鸟，展翅回首状。其外为一周短线
和凸弦纹组合纹带，再外为一周锯齿纹
和凸弦纹组合纹带。窄素三角缘。

81. 铁镜

三官庙墓地（M1∶35）

直径 16.6、缘厚 0.42 厘米

锈蚀严重。圆形。圆钮。素面。

四　唐代
（618 ～ 907 年）

82. 葡萄缠枝花镜

魏家庄遗址（M72：6）

直径 9.17、缘厚 0.7 厘米

圆形。圆钮，似为八瓣花钮座。镜背边缘凸起，一周
凸棱将镜背分为内外两区。内区饰同方向环绕镜钮的
五串葡萄纹，外区一周连续的缠枝花。点线纹缘。

83. 葡萄缠枝花镜

刘家庄遗址（M9：6）

直径 9.2、缘厚 0.6 厘米

圆形。圆钮，似为八瓣花钮座。镜背边缘凸起，一周
凸棱将镜背分为内外两区。内区饰同方向环绕镜钮的
五串葡萄纹，外区一周连续的缠枝花。点线纹缘。

84. 葡萄缠枝花镜

刘家庄遗址（M53：1）

直径 10.2、缘厚 0.8 厘米

锈蚀严重。圆形。圆钮。镜背边缘凸起，
一周凸棱将镜背分为内外两区。内区似为
葡萄纹，外区一周缠枝花。点线纹缘。

85. 散点式宝相花镜

西甄村墓地（M1：8）

直径 16.2、缘厚 0.34 厘米

圆形。圆钮，花瓣形钮座。座外一周窄凸面圈带。其外
纹饰为两种不同类型的花卉各三朵，相间环绕。一种
为六瓣莲花，圆圈中间一黑点及外围六黑点表示花蕊；
另一种为旋转式六叶片组成花瓣内心，外排列三叶片
及三弧形瓣，似一朵绽葩吐芬的大花。窄素平缘。

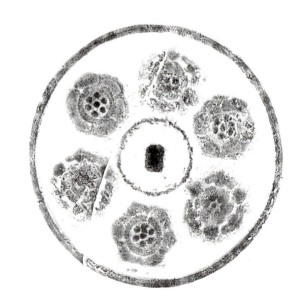

五　北宋
（960～1127年）

86. 素面镜

崀云湖墓地（M1∶9）

直径 11.9、缘厚 1.1 厘米

圆形。圆钮。素面。窄素平缘。

87. 素面镜

十亩园遗址（M16∶2）

直径 11.8、缘厚 0.21 厘米

圆形。圆钮。素面。宽素平缘。

88. 连珠凸弦纹镜

十亩园遗址（M3：2）

直径 9、缘厚 0.2 厘米

圆形。圆钮。钮外一周连珠纹，最外一周凸弦纹。宽素平缘。

89. 凸弦纹镜

女郎山墓地（M18：1）

直径 7.38、缘厚 0.72 厘米

圆形。圆钮，圆钮座。座外一周凸弦纹。窄素卷缘。

90. 双凤镜

女郎山墓地（M70∶1）
直径约 11.8、缘厚 0.2 厘米

亚字形。圆钮，花瓣形钮座。座外饰两周
八边形连珠纹，外圈每角上有一枚小乳丁。
其外为主纹，两凤鸟同向环绕飞翔，首尾
间各饰一折枝花卉，凤鸟形态相同，头有
冠羽，尖喙，细颈，展翅，尾羽飘逸轻巧。
再外为一周圆形连珠纹圈带。宽素平缘。

91. 双孔雀镜

十亩园遗址（M32：1）

直径 12.2、缘厚 0.14 厘米

亚字形。圆钮。钮外二孔雀作首尾对置式，孔雀双翼平展微微下合，开屏。其外一圈圆形连珠纹，再外一周缠枝花叶纹。宽素平缘。

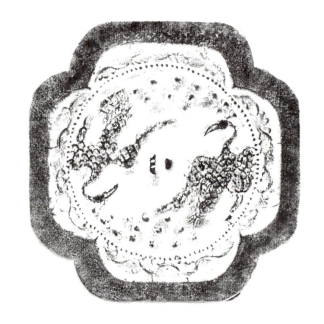

92.缠枝四花镜

女郎山墓地（M15：23）
直径 14.5、缘厚 0.27 厘米

亚字形。圆钮。钮外四株同形花枝环绕，
每株花枝上一片繁茂的叶纹并开出一朵大
花，花头对着亚字形的内角。宽素平缘。

93. 缠枝四花镜

女郎山墓地（M116：5）
直径 13.4、缘厚 0.1 厘米

亚字形。桥形钮，花瓣纹钮座。座外一周圆形细连
珠纹。其外为主纹，四折枝菊花，花蕊均对亚字形
内角，其外一周亚字形连珠纹，宽素平缘。

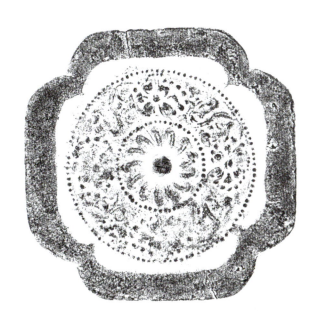

94. 缠枝四花镜

女郎山墓地（M385：1）

直径 10.36、缘厚 0.16 厘米

亚字形。圆钮，花瓣纹钮座。座外两周圆形连珠纹之间为主纹，四枝折枝菊花，花头均对亚字形边框正中。宽素平缘。

95. 缠枝花镜

十亩园遗址（M5：3）

直径 14.75、缘厚 0.25 厘米

亚字形。圆钮。一周上饰缠枝小花的凸圈带将
镜背分为内、外两区。内区为四朵菊花缠枝相连，
两两对称，相邻两花花蕊方向相反。外区一周
均匀分布八朵缠枝菊花，花头朝外；以镜边中
心为界，两两一组，每组之间间饰小花，其外
一周亚字形连珠纹。宽素平缘。

96. 六出葵花镜

崀云湖墓地（M2∶14）
直径 15、缘厚 1 厘米

六出葵花形。圆钮。钮右侧单线长方
框内有铭文两行，可辨"……子"，
行距界以单线条。素面。窄素平缘。

97. 湖州石家镜

峀云湖墓地（M1∶16）

边长 16、缘厚 0.68 厘米

略锈蚀。亚字形。圆钮。钮外右侧双线长方框内有铭文两行，"湖州仪凤桥真正石家青铜镜"，行距界以单线条。素面。宽素平缘。

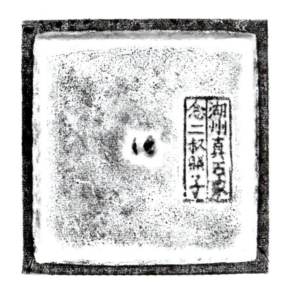

98. 湖州石家镜

崮云湖墓地（M2：5）

边长 10.2、缘厚 0.5 厘米

方形。圆钮，钮残。钮右侧单线长方框内有铭文两行，"湖州真石家念二叔照子"，行距界以单线条。正面有银色镀层。窄素平缘。

六　金代

（1115～1234年）

99. 仙人龟鹤齐寿镜

大桥镇路家庄金代墓
直径 15.9、缘厚 0.76 厘米

圆形。圆钮。钮左山岩上一棵枝繁叶茂的松树覆盖着镜子上部，松树下左侧山门虚掩，山门中走出一侍者，似一手捧托灵龟、一手持灵芝。钮右侧山石上端坐一仙人；其右立一童女，手向右指，似向仙长诉说。石下仙鹤扇起一翅，回首叼啄羽毛。最下为翻滚的波涛。窄素平缘。

七 元代
（1271 ~ 1368 年）

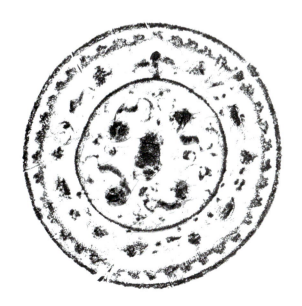

100. 瑞兽葡萄镜

女郎山墓地（M99∶1）
直径 9.53、缘厚 0.83 厘米

圆形。伏兽钮。钮外一周凸棱将镜背分为两区。内区环列四瑞兽，间饰缠枝花卉，外区饰禽鸟与葡萄纹。花瓣纹卷缘。该镜出土于元代墓中，可能为铸造较好的元代仿唐镜，也可能为流传使用的唐镜。

101. 瑞兽葡萄镜

长清女子学院墓地（M1：6）

直径 12.3、缘厚 1.26 厘米

圆形。伏兽钮。一周上刻短线纹的凸棱将镜背分为两区。内区葡萄枝叶缠绕，九串葡萄较均匀的沿着圈带配列，五瑞兽或俯或仰，有的作奔跑状，有的侧转身躯，外区葡萄串交错排列，不同形态的禽鸟环列其中。云花纹卷缘。该镜出土于元代墓中，可能为铸造较好的元代仿唐镜，也可能为流传使用的唐镜。

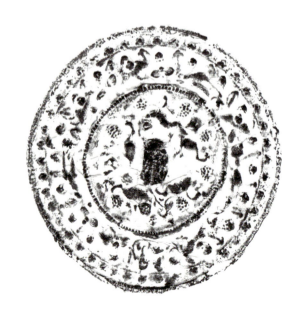

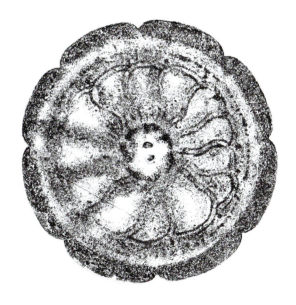

102. 菊花镜

女郎山墓地（M109∶2）

直径 12.89、缘厚 0.19 厘米

八出葵花形。钮残，圆钮座。以钮座为中心，回旋放射出的弯曲线条组成一朵菊花，花瓣外饰一周圆形连珠纹。宽素平缘。

103. 湖州孙家镜

女郎山墓地（M82：6）

直径 7.8、缘厚 0.37 厘米

圆形。银锭钮。钮左右两侧各有一长方形框，框上饰云纹，下饰花卉，框内分别有铭文，左为"青鸾宝鉴"，右为"湖州孙家"，铭文外侧饰一周凸弦纹圈带。窄素卷缘。

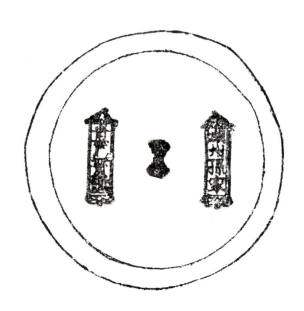

八 明代

（1368～1644 年）

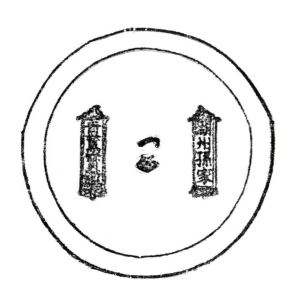

104. 湖州孙家镜

女郎山墓地（M177：2）

直径 8.2、缘厚 0.36 厘米

圆形。银锭钮，钮残。钮左右两侧各有一长方形框，框上饰云纹，下饰花卉，框内分别有铭文，左为"青鸾宝鉴"，右为"湖州孙家"，铭文外侧一周凸弦纹圈带。窄素卷缘。

105. 湖州孙家镜

女郎山墓地（M213：1）

直径 8.28、缘厚 0.38 厘米

圆形。银锭钮。钮左右两侧各有一长方形框，框上饰云纹，下饰花卉，框内分别有铭文，左为"青鸾宝鉴"，右为"湖州孙家"，铭文外侧一周凸弦纹圈带。窄素卷缘。

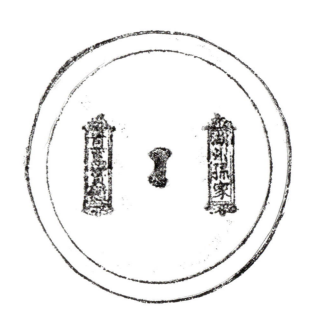

106. 为善最乐镜

女郎山墓地（M4：6）

直径 8.3、缘厚 0.44 厘米

镜面微凸。圆形。银锭钮。钮左右各有
铭文，右侧"为善"，左侧"最乐"，
铭文外侧饰一周凸弦纹。窄素卷缘。

107. 为善最乐镜

女郎山墓地（M392：10）

直径 8.33、缘厚 0.46 厘米

圆形。银锭钮。钮左右各有铭文，右侧"为善"，左侧"最乐"，铭文外侧饰一周凸弦纹。窄素卷缘。

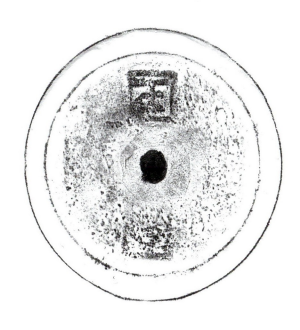

108.五子登科镜

太古飞机厂工程公司墓地（M2：2）
直径 10.58、缘厚 0.35 厘米

圆形。圆钮。钮上下各一凸起的方框，上框内似一上下、左右均颠倒的"五"字，下框不甚完整，其内似一"子"字。推测钮左右亦有铸造不甚明显的方框文字，可能合读为"五子登科"，其外一周凸弦纹。窄素卷缘。

109.五子登科镜

太古飞机厂工程公司墓地（M2：3）
直径 8.55、缘厚 0.29 厘米

圆形。圆钮。钮外有对称的四个凸起的
方框，框内有楷书"五子登科"四字。
镜缘与背部齐平，无明显凸起。

110. 花卉镜

女郎山墓地（M213：1）
直径 7.89、缘厚 0.31 厘米

圆形。圆钮。钮外两周凸弦纹之间分饰两朵多瓣花卉，其间分布菱角、莲蓬等纹饰，大致对称分布。宽素平缘。

111. 人物多宝镜

龙山农贸市场墓地（M3：5）
直径 8.75、缘厚 0.75 厘米

圆形。银锭钮。纹饰由上至下多层次排列，最上方
一曲颈展翅仙鹤，两侧饰双椒各一对；第二层中为
方胜，两侧各有宝珠三粒；第三层即钮两侧各一银
锭；第四层为二书卷；最下方正中一座聚宝盆，上
盛鲜果什物，两侧方胜与宝钱；二三四层外侧各一
人站立，均面向中心，手持宝物。窄素卷缘。

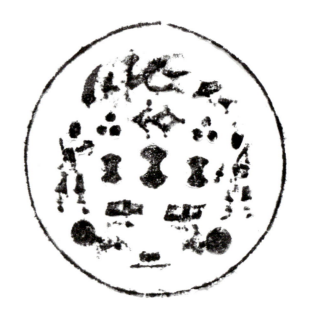

112. 人物多宝镜

龙山农贸市场墓地（M14∶3）
直径 7.2、缘厚 0.66 厘米

圆形。圆钮。纹饰由上至下多层次排列，最上层中间为一曲颈展翅仙鹤，两侧为犀牛角；中间一层钮上下各一如意云纹，两侧为各一宝瓶；上有花枝，最外侧为各一侍者、双手持琴；最下一层中间为犀牛角，两侧各一银锭。窄素卷缘。

113. 仙鹤人物镜

龙山农贸市场墓地（M6：10）
直径 7.3、缘厚 0.53 厘米

圆形。桃形钮。钮上侧为一曲颈展翅仙鹤。左侧一人
手持宝物向右行走。右侧一人正面站立，两手似各持
一物。下侧一人向右甩袖行进。窄素卷缘。

114. 鸳鸯镜

龙山农贸市场墓地（M9：1）
直径 9.3、缘厚 0.58 厘米

圆形。圆钮。钮上下两侧各饰一对鸳鸯并行、呈游水状，周围环绕有荷叶、莲蓬、荷花及其他花叶纹，外围一周十二连弧纹。十二瓣菱花形缘。

115. 双鱼镜

龙山农贸市场墓地（M19：1）

直径7、缘厚0.38厘米

圆形。银锭钮。钮两侧各饰一鲤鱼，二鱼首尾相对配置，甩尾展鳍，其外一周凸弦纹。窄素卷缘。

116. 凸弦纹镜

龙山农贸市场墓地（M12：3）
直径 10.46、缘厚 0.62 厘米

圆形。圆钮。钮外一周凸弦纹。窄素卷缘。

117. 明仿汉日光镜

女郎山墓地（M285：6）
直径 5.93、缘厚 0.43 厘米

圆形。圆钮。钮外一周窄凸面圈带。其外
两周凸弦纹之间为顺时针铭文带"见日之
光，天下大明"，字体为圆转式篆隶体，
每字间隔一类似涡纹或菱形纹。窄素卷缘。

118. 明仿汉四乳四虺镜

女郎山墓地（M52：8）

直径 8.12、缘厚 0.45 厘米

圆形。圆钮，圆钮座。座外一周凸面圈带。
其外两周短斜线和凸弦纹组合纹带之间为主
纹，四枚带圆座的乳丁分为四区，每区内各
有一虺纹，双钩形身躯的内、外两侧各有一
简单立鸟纹，前后饰短弧线（或象征云气）。
再外一周较粗凸弦纹。窄素卷缘。

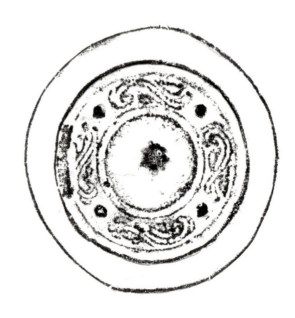

119. 明仿汉博局镜

女郎山墓地（M228：1）
直径 9.58、缘厚 0.55 厘米

锈蚀严重。圆形。银锭钮，柿蒂纹钮座。座外双线方格，其与一周凸弦纹之间为主纹，其中方格四角外各一圆座乳丁，其外各对应一"V"形纹，四边中心各接一"T"形纹，其外各对应一"L"形纹，圆座乳丁纹分成的四区内纹饰不甚清晰，外圈一周凸弦纹。窄素卷缘。

120. 明仿汉博局镜

龙山农贸市场墓地（M10：10）
直径 9.8、缘厚 0.62 厘米

圆形。银锭钮，柿蒂纹钮座。座外双凸线方格。
方格四角外各一圆座乳丁，其外各对应一"V"
形纹，四边中心各接一"T"形纹，其外各对
应一"L"形纹，圆座乳丁纹分成的四区内环
列鸟纹与兽纹、不甚清晰，再外一周短斜线和
凸弦纹组合纹带，外圈一周凸弦纹。窄素卷缘。

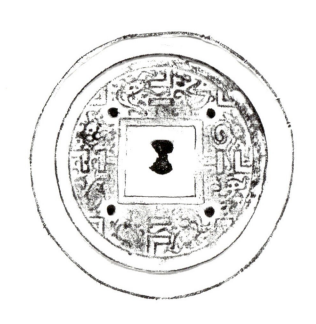

121. 明仿唐瑞兽葡萄镜

龙山农贸市场墓地（M5：8）
直径 9.3、缘厚 0.7 厘米

圆形。伏兽钮。钮外一周凸弦纹将镜背分为两区。内区均匀环列四瑞兽，间饰叶片纹和卷云纹，外区饰禽鸟与葡萄纹。花瓣纹缘。

后　记

　　本书是济南市考古研究院（原济南市考古研究所）自 1997 年成立至 2020 年，二十多年来考古发掘出土古代铜镜的成果汇总，同时，也是第一次对济南地区历代铜镜的系统收录和初步研究，其目的是对院藏文物进行系统整理与研究、出版，以图书形式让各类珍贵文物走出库房、走向社会。一方面向读者展示多年以来济南地区的考古成果，揭示济南市的历史发展脉络，另一方面弘扬古代济南地区、乃至中华民族精彩的文化成就、高超的生产工艺，从而进一步凝聚伟大的民族精神，展现深厚的文化自信。

　　本书由李铭、郭俊峰策划。书稿撰写期间，恰逢济南市开始执行考古前置工作，田野任务十分繁重。刘秀玲、房振同志大多数时间奋战在田野工作一线，只能利用业余时间或夜间加班来进行撰稿工作。郝素梅、杨阳、刘丽丽同志不厌其烦地逐个挑选器物。何利、邢琪等同志积极提供相关资料。郝颖、洪宪坤、韩允宇、董方敏、唐广交、邓文飞等同志对近年出土铜镜进行整理和除锈。郭俊峰、刘秀玲、郝颖、邓文山、邓文龙、毕冠超等同志承担拓片工作。照片由宋朝、房振、郝素梅、郭俊峰等联合拍摄。文物出版社责任编辑秦彧积极协调出版事宜，对本书体例和内容撰写提出多项建议。

　　在此，对所有参与本书出版工作的同志表示真诚的感谢。

　　由于作者水平所限，书中内容可能有所不足，敬请广大读者批评指正。

2021 年 10 月 22 日